聪明的孩子是如何学习的

周一凡 \ 著

天津出版传媒集团

天津人民出版社

图书在版编目（CIP）数据

聪明的孩子是如何学习的 ／ 周一凡著．-- 天津：
天津人民出版社，2019.6
ISBN 978-7-201-14741-3

Ⅰ．①聪… Ⅱ．①周… Ⅲ．①学习方法－家庭教育
Ⅳ．① G791 ② G78

中国版本图书馆 CIP 数据核字（2019）第 093658 号

聪明的孩子是如何学习的
CONGMINGDEHAIZI SHIRUHEXUEXIDE

周一凡 著

出　　版	天津人民出版社	
出 版 人	刘　庆	
地　　址	天津市和平区西康路 35 号康岳大厦	
邮政编码	300051	
邮购电话	（022）23332469	
网　　址	http://www.tjrmcbs.com	
电子邮箱	tjrmcbs@126.com	
责任编辑	王昊静	
策划编辑	马剑涛	
装帧设计	润和佳艺	
印　　刷	大厂回族自治县彩虹印刷有限公司	
经　　销	新华书店	
开　　本	880×1230 毫米	1/32
印　　张	6	
字　　数	90 千字	
版次印次	2019 年 6 月第 1 版　　2019 年 6 月第 1 次印刷	
定　　价	42.00 元	

让孩子快乐学习

现代社会，各种竞争越来越激烈，压力越来越大。为了让孩子赢在起跑线上，很多父母在孩子的学习上投入重金，期望孩子能够学有所得，领先一步。

然而，并不是所有的父母都能如愿以偿。事实上，无论父母多么费心尽力，给孩子报多少兴趣班，有些孩子就是不爱学习，成绩始终不见起色。

"我家孩子为什么就不如别人家孩子聪明呢？"

"我家孩子怎么了？每天作业都做不完。"

"我家孩子怎么这么笨？一首古诗都背不下来！"

……

类似的牢骚和抱怨，很多父母都有过。毕竟学习能力对孩子的成长和发展有着十分重要的影响，所有的父母都希望自己的孩子能够高效学习，拥有更优质的生活。

就本质而言，学习其实是人的一种本能。孩子从呱呱坠地到步入学校，每个阶段都在不断地学习，如学习走路、说话、做手工……孩子在学习的过程中不仅掌握了越来越多的技能，而且体验到了进步的快乐。

然而，由于某些因素的影响，如课业太多、受到批评、成绩不好等，孩子越来越体会不到学习的乐趣，所以逐渐变得不爱学习，学习也就变成了沉重的负担。对这样的孩子，很多父母会以斥责甚至打骂的方式进行教育，这反而导致孩子越来越不爱学习。

兴趣是最好的老师，想让孩子学习好，首先要让孩子对学习产生兴趣。研究发现，充满乐趣的学习环境和学习方法，会让孩子发自内心地爱上学习，而且越学越喜欢。

孩子的年龄尚小，对外界事物的认知还不够全面，这就需要父母提供良好的环境，并给予孩子优质的教养，从小培养孩子良好的学习习惯，帮助他们不断提升学习能力。孩子一旦感受到学习的快乐，便会乐此不疲地投身学习之中，并将良好的学习习惯一直保持下去。

学习应该是一件充满乐趣的事情，要给孩子充分的空间，让他合理安排自己的时间，掌握巧妙记忆的方法，打破固有思维的枷锁，尽享学习的乐趣。让孩子感受到学习的快乐，他便会把学习当成好朋友。

一个聪明的孩子，不仅知道学习有什么乐趣，更能通过自己的努力去发掘那些未知的学习乐趣，在探索和总结的过程中，他能够获得新的感悟、新的体验，在这样一个良性循环中学习，孩子将会变得越来越聪明！

目录
CONTENTS

第一章

父母教养得当，孩子热爱学习

学生在学习上大致可分为四种：生而好学为上，熏染而学次之，督促而学又次之，最下者虽督促不学。生而好学与督促不学的人究属少数，大多数得到相当熏染、督促就肯学了。

　　——中国教育家、思想家　陶行知

让孩子爱上学习，是父母的责任

欢欢："妈妈，为什么要吃粽子呢？"

妈妈："因为今天是端午节！"

欢欢："端午节是怎么来的？为什么要吃粽子呢？"

妈妈："就吃个粽子，你怎么有这么多问题？"

欢欢：……

现如今的孩子，生活和学习的条件都十分优越，但是很多孩子并不喜欢学习。这让很多父母深感头疼。其实，孩子不爱学习，是父母缺乏教育智慧的结果。如上例所示，很多时候，孩子刚刚萌生的学习热情就被家长无形地扼杀了。那么，怎样才能让孩子爱上学习呢?

1. 兴趣是根本

兴趣是最好的老师，只有对学习产生兴趣，孩子才愿意学习。为了培养和保护孩子的兴趣，父母应该做到以下几点：

（1）帮助孩子找到真正的兴趣所在。

（2）不急不躁，有耐心地逐步培养。

（3）学会鼓励和表扬孩子。

2. 保护并激发孩子的好奇心

孩子对新鲜事物总是充满好奇心，所以会经常提出一些稀奇古怪的问题。

对于孩子提出的问题，父母会的，要积极解答，或者告诉孩子从哪里可以找到答案；父母不会的，要和孩子一起寻找答案，求知的过程会让孩子觉得非常有趣，他们对知识的好奇心也会逐渐增强。

3. 保护孩子的自信心

孩子的自信心越强，越相信自己能够学会该学的知识，对学习的热情也就越高。为了保护孩子的自信心，父母应该做到以下几点：

（1）不拿自己的孩子与别人的孩子做比较。

（2）不过分重视学习成绩。

（3）鼓励孩子多去尝试，即便失败也是一种收获。

让孩子爱上学习，并不是一朝一夕的事情，需要父母多方面地进行引导和帮助，这是父母不可推卸的责任，也是培养聪明孩子的必经之路。

小测试：孩子对做每件事情都有自信吗？

根据孩子平时的表现，在符合孩子情况的描述后面画"√"。

序号	情况描述	结果
1	做事情时通常首先列出先后顺序，然后再按照顺序做	
2	即便在逆境中，也能把事情做好	
3	能将能做的事情和不能做的事情区分开来	
4	通常情况下，对某个问题的判断不会出错	
5	感觉在所有方面都比身边的朋友强	
6	能够制定目标，然后根据目标去做事情	
7	即便可能有失误，也愿意尝试更有难度的事情	
8	为了做好某件事情，能很好地利用已有的信息	
9	困难和挑战能激发努力做事的热情	
10	即便困难很大，也不会放弃，而是选择继续努力	

测试结果

少于6个"√"，表示自信心不足；6~8个"√"，表示自信心一般；多于8个"√"，表示自信心十足。

做孩子的好榜样

　　妈妈："乐乐，你今天要背诵的古诗背完了吗？"

　　乐乐："还没呢，这都周末了，就让我放松放松呗！"

　　妈妈："放松是应该的，但是要先做完功课才行啊！好多古诗我都记不清楚了，咱俩一起去学习学习呗！"

　　乐乐："好啊！看看谁背得快。"

　　父母都有"望子成龙，望女成凤"的心理，都希望自己的孩子是最聪明、最优秀的，为了这个目标，父母们总会想方设法地让孩子多学东西。

　　孩子需要学习知识，但是强迫的方式并不可取。父母想让孩子变成自己期待的样子，有一个办法十分有效，那就是父母身体力行，为孩子做好榜样。

咱们一起去背古诗吧，
妈妈也得学习才行啊！

好啊！看看谁背得快。

1. 不以强迫的方式对待孩子

　　有的父母总是要求孩子学这学那，如果孩子不学，便训斥孩子，强迫孩子去学。这种方式对孩子的心灵会造成伤害，容易挫伤孩子的学习积极性。

2. 改变观念，从自身做起

父母和孩子不是上下级的关系，以命令的方式与孩子进行交流，并不能达到良好的效果。父母必须从思想上做出改变，平等地与孩子相处和交流，并用自己的实际行动去引导孩子，让孩子自觉地拿起书本，亲身感受学习的乐趣。

3. 从细节开始改变

"不积跬步，无以至千里。"学习同样如此，应该逐步积累。父母为孩子树立榜样，应该从细节做起，通过点滴的积累，慢慢让孩子养成爱学习的习惯。

某些父母或许认为"孩子是我的，就应该听我的话"，却没有想过孩子也许会想"既然是父母，那就做出父母的样子来"。为孩子做好榜样，才能培养出聪明而优秀的孩子。

益智游戏：看号码，背成语

1. 准备一组写有成语的卡片，并给卡片编号。

2. 和孩子一起读完成语，然后将卡片收起来。

3. 随意报出一个编号，让孩子默写相应的成语。

4. 随着游戏次数的增加，可以适当增加难度，如讲一讲成语的解释、出处等。

5. 孩子默写正确，就将相应的成语卡片送给孩子。

6. 游戏结束之后，看看孩子拿到了多少卡片，并与孩子一起总结学习的情况。

创造浓厚的学习氛围

爸爸："明明，你的作业写完了吗？"

明明："没有呢，等我看完这集动画片。"

爸爸："不知道写作业重要啊？赶紧去写作业！"

明明："您用平板电脑斗地主，声音还那么大，我怎么静得下心来？"

爸爸：……

英国著名的教育家斯宾塞曾说："野蛮产生野蛮，仁爱产生仁爱，这就是真理。对待孩子没有同情，他就变得没有同情心；而以应有的友情对待孩子，就是培养孩子友情的最好手段。"可见，父母的教育方式对孩子有着直接而重大的影响。同样，父母为孩子创造的学习氛围，对孩子的学习能力和成绩也有至关重要的影响。

那么，父母怎样做才能为孩子创造良好的学习氛围呢？

1. 把热爱学习作为家风

孩子都是善于模仿的，父母的行为往往会成为他们行事的风向标。如果父母热爱学习，孩子就会在潜移默化中养成爱学习的好习惯。

2. 尊重孩子的老师

老师肩负着"传道授业解惑"的重任，他们在孩子心目中的地位是十分崇高的。如果父母对老师不尊重，就会让孩子对老师产生认知偏差，随之也会对学习产生厌烦心理。

3．给孩子安排舒适、固定的学习场所

每天在舒适、固定的学习场所学习，孩子就会形成一种惯性，只要坐到那个地方，就会自然而然地变得全神贯注起来。在心理学上，这种现象被称作"地点动力定型"。

4. 与孩子共同阅读他们喜欢的报纸、杂志

阅读报纸和杂志也是一种学习的途径，父母应该给予孩子适当的支持。在父母与孩子共同阅读的过程中，孩子的学习兴趣会得到提升，父母与孩子之间的关系也会变得更加融洽。

为了培养聪明的孩子，父母应该竭尽所能地为他们创造浓厚的学习氛围，在良好氛围的熏陶下，孩子会变得爱学习，变得更聪明。

小测试：现在的家庭环境有利于孩子的学习吗?

根据家庭的实际情况，在相符的表述后面画"√"。

序号	情况描述	结果
1	孩子常常与父母进行沟通	
2	孩子学习的时候，通常不怎么吃东西	
3	父母不会因使用手机或电脑而影响孩子的学习	
4	孩子学习用的桌子总是收拾得很整洁	
5	家庭活动不会对孩子的学习产生影响	
6	孩子能够独自学习两个小时以上	
7	除了家里，孩子还有其他可以高效学习的场所	
8	学习所需的物品和书本，孩子能提前准备好	
9	孩子通常不会因玩游戏或看电视而不好好学习	
10	孩子有3个以上的好朋友	

测试结果

少于5个"√"，表示家庭环境有待改善；5~7个"√"，表示家庭环境不错；多于7个"√"，表示家庭环境优良。

玩游戏也能促进学习

亮亮："爸爸，您和我玩一会儿游戏吧？"

爸爸："玩什么玩！你的作业写完了吗？"

亮亮："写完了。您就跟我玩一会儿呗！"

爸爸："别把时间浪费在玩游戏上，抓紧时间学习去！"

亮亮："老师让我们和爸爸妈妈玩'找英语单词'的游戏，就是为了学英语啊！"

爸爸：……

很多父母对玩游戏充满敌意，认为游戏会影响孩子的学习。这实际上是教育中存在的一个误区，玩游戏其实也是学习的一种方式。

　　爱玩是孩子的天性，越是限制孩子，孩子玩的欲望反而越强烈。即便他们在父母面前不玩，也总要找机会偷偷地玩。既然如此，父母倒不如和孩子一起玩，边玩游戏边学习，既能放松身心，又能学到知识，算得上一个培养孩子学习兴趣的好方法。

1. 玩游戏可以积累经验

　　孩子对外在世界的认知有限，他们的很多经验只能从玩耍中得到。比如，父母与孩子玩"石头、剪刀、布"的游戏，不仅可以锻炼孩子的反应能力，还能让孩子切身体会到"输赢"。这个积累经验的过程，也是孩子不断学习的过程。

2. 玩游戏可以锻炼思维能力

思维是看不见、摸不着，而又时刻存在的，只有不断锻炼，思维能力才能逐渐提升。玩游戏的时候，孩子的心态是积极而放松的，思维则是敏捷而活跃的。比如，玩积木游戏时，孩子会根据想象堆积出不同的造型，这就是一个锻炼思维的过程。

3. 玩游戏可以培养社交能力

孩子因为能力、经验、知识等方面的不足，暂时无法参与社会活动，而做游戏恰恰可以为孩子提供一个与人交往的机会。在游戏中，孩子可以扮演不同的角色，逐步了解人与人之间的关系及交往的技巧等，这种在实践中的学习，对孩子更有吸引力。

益智游戏：越变越长的句子

1. 告诉孩子第一句话："我住在××区。"

2. 告诉孩子第二句话："我住在××区×××大街。"

3. 告诉孩子第三句话："我住在××区×××大街×号院。"

4. 告诉孩子第四句话："我住在××区×××大街×号院×号楼。"

5. 告诉孩子第五句话："我住在××区×××大街×号院×号楼×单元。"

6. 告诉孩子第六句话："我住在××区×××大街×号院×号楼×单元×。"

7. 询问孩子："还记得第三句话（任意一句都可以）是什么吗？"

分数不是衡量孩子智力的唯一标准

　　妈妈："贝贝，这次考试考了多少分？"

　　贝贝："90分。"

　　妈妈："怎么才考90分？隔壁静静可是考了98分呢！"

　　贝贝："她是成绩好，可是到现在还不会自己叠被子呢！"

　　妈妈：……

　　一些父母对孩子的成绩十分看重，总将考试分数当作衡量孩子聪明与否的唯一标准。学习成绩好的孩子，往往被父母称赞"聪明"；学习成绩欠佳的孩子，很可能被斥责为"笨蛋"。

　　经过咨询和测试发现，很多学习成绩好的孩子，在解决实际问题、自我管理及想象创造、人际交往等体现实用智力的方面，并没有表现出高人一等的水平。

对于父母而言，仅仅追求孩子的分数是不可取的，因为只有全面发展的孩子才是真正聪明的孩子。想要培养出真正聪明的孩子，父母应该注意哪些方面呢？

1. 不过度看重分数

父母过度看重分数的表现，会让孩子觉得只有分数是重要的，其他方面都可以忽视，这显然会误导孩子。父母应该改变这种错误观念，更加关注孩子的整体表现。

2. 不强求孩子每次都取得进步

孩子的成绩在一定范围内出现波动是正常的，父母不应该因为孩子一次的退步就否定孩子，这会让孩子对学习失去兴趣甚至是信心，只要整体趋势是向上的，就应当予以鼓励。

3. 不让孩子超负荷学习

有些孩子一旦考试成绩不理想，便会一头扎进书里，甚至熬夜学习，这种超负荷学习的方式不仅对提高成绩无益，还会伤害身体。父母应该让孩子注意劳逸结合，给大脑充分休息的时间。

孩子对分数执着追求，往往是因为受到了父母的影响，只要父母观点正确，孩子不仅会爱上学习，还能在各方面全面发展。

小测试：孩子对学习感到恐惧吗？

根据孩子平时的表现，在符合孩子情况的描述后面画"√"，最后统计分数。

序号	情况描述	选项（得分）				
		十分同意（4）	基本同意（3）	一般（2）	不同意（1）	根本不同意（0）
1	总是担心成绩不好					
2	常常不想学习，感觉很厌烦					
3	考试前一天睡不着觉，也没心思学习					
4	一想到要考试了，就感觉害怕和紧张					
5	考试的时候，会觉得烦躁难耐					
6	总是很担心考砸					
7	考试的时候，会紧张到难以集中注意力					
8	成绩不如，总是没有信心					
9	考试的时候，会腹痛或是头痛					
10	总害怕因为成绩不好而遭到批评					

测试结果

0~19分，表示对学习的恐惧程度较低；20~30分，表示对学习的恐惧程度一般；31~40分，表示对学习的恐惧程度偏高。

故事一起读：把鸟抓住

有一位老师为了考查学生的应变思维能力，便提出了这样一个问题："天空中有两只小鸟，一前一后地飞着，有什么办法能一下把它们都抓住？"

同学们七嘴八舌地讨论着，有的说用粘网，有的说用气枪，有的说用麻袋，想法和意见虽然很多，但是真正可行的方法并没有找到。

在同学们失望的时候，李明给出了一个出人意料的答案："用照相机！"

很多同学的脸上挂着难以置信的表情，老师的脸上却露出了笑容。

　　看着大家疑惑的眼神，老师微笑着说："听到题目的时候，应该有很多同学的第一反应是怎样把这两只小鸟抓在手里吧？这就是惯性思维对我们产生的影响。李明同学打破了常规思维的束缚，用照相机'抓拍'这两只小鸟，这也是一种'抓住'啊！"

　　同学们听了顿时恍然大悟，茅塞顿开。

　　"当然，"老师接着说，"我只是举个例子而已。小鸟是人类的好朋友，我们应该好好保护它们，让它们自由地在天空飞翔。所以说，我们应该一起抵制抓鸟这种不道德的行为，共同维护健康的生态环境！大家说好不好？"

　　"好！"同学们异口同声地说。

第二章

内心强大的孩子爱学习

目标既定，在学习和实践过程中无论遇到什么困难、曲折都不灰心丧气，不轻易改变自己决定的目标，而努力不懈地去学习和奋斗，如此才会有所成就，而达到自己的目的。

——中国教育家、语言文字学家　吴玉章

不畏困难，才能发现学习的乐趣

丁丁："爸爸，钢琴太难弹了，我不想学了。"

爸爸："钢琴确实不好弹，好多人都学不会呢！"

丁丁："那您是怎么学会的？"

爸爸："我总对自己说，钢琴这么难学，要是我学会了，肯定会有很多人羡慕我。"

丁丁："是啊，我的很多同学都羡慕您呢！"

爸爸："困难只是暂时的，乐观一点，你也能学会的。"

学习中总会遇到一些困难，有些孩子面对困难没有足够的勇气，所以稍微遭受一点挫折，就会对学习产生畏惧心理。

对于孩子来说，出现这种畏难心理十分正常，但是父母不能坐视不理，而应该积极帮助孩子寻找畏惧的源头，消除畏惧心理，从而以乐观的态度面对困难，这将对孩子的学习起到十分积极的作用。

那么，父母做些什么才能培养孩子的乐观心态呢？

1. 站在孩子的角度考虑问题

与父母相比，孩子的知识储备较少，很多在父母看来很简单的知识，孩子却不一定能够理解。当父母说出"这个知识点很简单啊"之类的话时，孩子便会自我否定，更加不愿意学习了。父母应该试着理解孩子的感受，与孩子一起面对困难，给孩子精神上的支持。

2. 和孩子一起分析畏难的原因

孩子因学习而出现畏难情绪时，父母要与孩子一起剖析困难的本质，让孩子深刻感受到困难并没有他们想象的那样可怕。正确认识困难，是孩子乐观面对并克服困难的重要一步。

3. 让孩子知道每个人都会遇到困难

孩子畏惧困难时，父母可以和孩子说一说自己曾经遇到的困难，让孩子知道害怕困难是正常的心理，鼓励孩子积极乐观地面对困难，让他们在克服困难的过程中体会学习的乐趣。

成年人对困难尚且有畏惧心理，更不用说涉世未深的孩子了。父母应该认识到畏难心理是一种合理的存在，而不是孩子的缺点。父母有了这样的认知基础，才能正确地引导孩子，帮助孩子正确认识困难，以乐观的心态面对困难，让孩子从困难中找到学习的乐趣。

益智游戏：与动物朋友打电话

1. 准备20张白色卡片，其中10张分别写上数字，另外10张什么都不写。

2. 将10个数字（数字的数量可进行调节，以改变难度）任意组合，组成一个电话号码。

3. 给孩子一分钟的时间，让孩子默记电话号码。

4. 如果孩子能记住电话号码，父母便给予相应的奖励。如果难度太大，可降低难度。

5. 让孩子将记住的电话号码写下来，每个电话号码对应一个动物朋友。

6. 孩子记住几个电话号码之后，父母便报出一个动物朋友的名字，让孩子给这个动物朋友打电话。

7. 父母假扮动物朋友，与孩子进行电话沟通。

适当放手，给孩子自觉学习的机会

　　妈妈："玲玲，英语作业写完了吗？"

　　玲玲："写完了！"

　　妈妈："这么自觉啊！真棒！妈妈奖励你一个毛绒玩具，怎么样？"

　　玲玲："玩具就不要了，您想奖励的话，周末就带我去博物馆吧！"

　　妈妈："没问题！真是个爱学习的好宝贝！"

　　很多父母都有"望子成龙，望女成凤"的心理，为了孩子能够取得好成绩，父母们竭尽所能地为孩子提供最好的后勤保障工作，甚至连拿书包、削铅笔之类的事情，有些父母都一一包办。

　　然而，一些除了学习什么都不用做的孩子，并没能如父母期待的那样取得好成绩，究其原因，主要在于父母的大包大揽使得孩子失去了学习的自觉性。

　　那么，父母怎么做才能提升孩子的学习自觉性呢？

1. 对孩子多一些期待

　　实验和事实都已经证明，父母的期待对孩子的发展会产生很大的影响。父母期待孩子取得好成绩，孩子便会朝着这个方向去努力，这种无形的压力会促使孩子自觉自愿地去学习。

2. 有兴趣，自觉性更高

孩子都喜欢做有趣的事情，如果他们能够体会到学习的乐趣，自然就会自觉地学习。父母可以给孩子讲讲与学习有关的趣闻逸事或是自己在学习中获得的乐趣，让孩子对学习产生兴趣，进而更加自觉地学习。

3. 用习惯带动自觉性

孩子开始上学之后，父母应该让孩子按时上学、写作业，在潜移默化中逐渐形成良好的学习习惯。习惯是一种强大的力量，一旦养成，就能让孩子自觉地学习。可以说，良好的学习习惯是孩子自觉学习的推动力。

孩子年龄尚小的时候，父母可以手把手地教他；当孩子到了上学的年纪，父母就应该慢慢培养他自觉学习的习惯。孩子终究要脱离父母的照顾，最终独立生活，父母为孩子包办一切，只会让孩子的依赖性越来越强，这与教育孩子的初衷是相悖的。

小测试：孩子学习时战胜困难的能力如何？

根据孩子平时的表现或孩子的表述，在符合孩子情况的描述后面画"√"，最后统计分数。

序号	情况描述	选项（得分）				
		十分同意（4）	基本同意（3）	一般（2）	不同意（1）	根本不同意（0）
1	感觉身边有很多值得感谢的人和事					
2	对自己生活中的各种条件都感觉满意					
3	即便处境艰难，也相信会有转机					
4	可以和好朋友敞开心扉，畅所欲言					
5	能理解伤心或生气的人的心情					
6	对问题出现的原因通常会有清晰的认识					
7	出现需要立即解决的问题时，能够克服种种障碍认真做好					
8	遇到困难时，可以有效克制情绪					

（续表）

序号	情况描述	选项（得分）				
		十分同意（4）	基本同意（3）	一般（2）	不同意（1）	根本不同意（0）
9	对各种类型的人大多充满谢意					
10	常常想象自己将来成功的状态					
11	认为只要认真去做，总会有所收获					
12	从身边的人那里得到了足够的喜爱和关怀					
13	可以用适当的词句表达自己的想法					
14	遇到事情时会考虑全面后再去解决					
15	假如遇到需要集中注意力的事情，不但没有压力，反而觉得开心					

测试结果

0~44分，表示孩子学习时战胜困难的能力偏低；45~55分，表示战胜困难的能力一般；56~60分，表示战胜困难的能力较强。

自信的孩子学习不会差

爸爸·"萌萌，你的演讲准备得怎么样了？"

萌萌："准备得差不多了，可是我总是害怕出错。"

爸爸："担心是正常的，上次演讲你也害怕，但是最后还得了二等奖呢！"

萌萌："嗯，这一次我要争取拿一等奖！"

对于很多父母来说，孩子缺乏自信是一个不得不面对的问题。由于缺乏自信，孩子不敢展现自己，不愿与人交流，种种问题的存在，不仅影响了孩子的学习，还对孩子的成长造成了阻碍。

自信的孩子，往往不惧困难，敢于接受挑战，努力进取，渴望获得更多的知识和经验。自信的孩子通常可以获得更多的知识和历练机会，这对孩子的成长是大有裨益的。所以说，自信心的建立，对孩子来说是十分重要的。

为了帮助孩子提高自信心，父母可以从以下几个方面入手。

1. 孩子有进步，及时给予赞美

父母正面的评价对孩子自信心的养成至关重要。父母及时给予赞美，孩子就会更加认可自己，认为自己确实很出色。带着自信的心态学习，学习效果会事半功倍。

宝贝，比上次有进步，表现得很好！

2. 孩子能做好的事，放手让他去做

除了口头赞美，父母还要懂得在实践中提高孩子的自信心。让孩子去做一些一定可以做好的事情，当他们完成任务的时候，就会由衷地感到快乐，也能从中体会到自信的感觉。

3. 孩子的优点，要积极发扬

不断的成功会让孩子的自信心越发充足，不断的失败则会慢慢消磨掉孩子的自信心。为了提高孩子的自信心，要不断发扬他们的优点，让他们借助优点不断进步，从而获得成功。

培养孩子的自信心需要一个长期的过程，在这个过程中，提升和维护是不可或缺的两个部分。父母要保持足够的耐心，时刻关注孩子，任何有助于提升孩子自信的因素，都应该予以重视。

益智游戏：杯子奏鸣曲

1. 准备7只相同的玻璃杯、2根筷子及一些清水。

2. 将7只杯子并排摆在桌子上，并分别往杯子里注入不同体积的水。

3. 让孩子根据水位的高低，依次排列好7只杯子。

4. 用筷子分别敲击7只杯子的上部，并让孩子听听7只杯子发出的声音是否一样。

5. 让孩子描述杯子发出的声音，并观察水位与声音有什么关系。

6. 适当调整杯子中的水量，以便让7只杯子发出7种不同音阶的声音。

7. 给孩子1根筷子，并与孩子合作演奏，边演奏边唱歌。

有目标的孩子更会学习

小敏："妈妈，还有三天就要期末考试了，可我还有两门功课没有复习，时间不够，怎么办呀？"

妈妈："你还有哪两门功课没复习？"

小敏："语文和英语。"

妈妈："这两门功课中，你对哪一门更没把握，就选择哪一门重点复习，另外一门功课就抽半天的时间温习一下平时的笔记吧。"

小敏："嗯，我对语文更有信心，那我就重点复习英语，尤其是写作方面的内容。"

在学习的过程中，孩子难免会遇到不知该做何选择或是看不到未来方向的情况。他们的经历毕竟不够丰富，对一些未知的事物无法做出准确的判断也是十分正常的。

当孩子因为选择或是方向的问题向父母求助时，父母应该以鼓励的态度来教导孩子，让孩子知道，暂时无法看清方向或是确定目标时犹豫不决并不可怕，因为无论是什么学习计划，肯定都有其优点和缺点。最重要的不是确定哪一个目标更好，而是在做出决定之后，坚信自己的目标，并努力去达到最佳的效果。

为了让孩子坚信自己选择的目标是正确的，父母应该做到以下几点。

1. 耐心帮助孩子确定目标

有的父母希望孩子独立自主，当看到孩子拿不定主意时可能会感到失望，因此会对孩子失去耐心。殊不知，父母越急躁，孩子越犹豫不决。正确的做法是，父母应该尽量保持耐心，与孩子一起分析不同目标之间的差异，以便确定一个最合适、最恰当的目标。

2. 不要动摇孩子的目标

在孩子确定目标之后，父母千万不能说"还是另一个目标好一点"之类的话，因为这会动摇孩子的决心，让他们无法将全部精力投入学习之中。

学习是一个长期的、循序渐进的过程，既然已经确定目标，就要坚定不移地走下去。只有这样，才能离目标越来越近。

3. 注意不要让孩子偏离目标

在向目标努力的过程中，父母应当时时关注孩子。毕竟孩子还小，做事情的时候缺乏恒心和判断力。作为父母，有责任时刻纠正孩子的行为。当孩子的学习方向偏离目标时，父母要及时提醒孩子回到正确的轨道上来，以免做一些无谓的努力。

有目标的孩子，更加专注于自己的学习，他们对自己充满信心，并且不断向着目标前进，他们的学习效率会更高，学习成绩也会更好。

对于父母来说，孩子的目标就是自己的目标，想让孩子在学习方面取得更好的成绩，确定正确的目标，并不断努力前进，这是非常重要的。

小测试：孩子对学习有良好的目标意识吗?

根据孩子平时的表现或孩子的表述，在符合孩子情况的描述后面画"√"。

序号	情况描述	结果
1	对未来有自己的想法	
2	认为每个人都应拥有自己的职业，而且有自己想做的工作	
3	能够计算好可利用的时间，并制订自己的学习计划	
4	很了解自己擅长和喜欢的东西	
5	对自己想做的工作十分了解	

（续表）

序号	情况描述	结果
6	在学习之前，会提前规定学习时间和学习量	
7	学习中遇到难题，会打破砂锅问到底	
8	知道无论要达成什么目标，都必须学习才行	
9	有很明确的理由作为好好学习的动力	
10	没人监督，通常也会好好学习	

测试结果

少于6个"√"，表示目标意识有待提升；6~8个"√"，表示目标意识一般；多于8个"√"，表示目标意识较好。

求知欲让孩子充满学习热情

　　晓晓："妈妈，天气这么冷，小狗不穿衣服会不会冻坏？"

　　妈妈："晓晓真细心，这个问题很棒，妈妈也很想知道答案呢。你查到之后，告诉妈妈好吗？"

　　晓晓："好的！"

　　（过了一段时间。）

　　妈妈："怎么样？查到了吗？"

　　晓晓："查到了，小狗的皮毛能御寒，它不会冻坏的。"

　　孩子天生对新鲜事物充满好奇，好奇心使得他们对身边的一切都充满探索的欲望。在求知欲的影响下，孩子会模仿父母的行为，学习未知的知识，渴望以此来武装自己的头脑，丰富自己的阅历。

　　孩子的求知欲是与生俱来的，他们渴望得到更多的知识，期待变成聪明的孩子。父母可以采取适当的手段，刺激和强化孩子的求知欲。

1. 提升孩子对学习的认知

　　每个孩子都有求知的欲望，都有了解这个世界的渴望，内心的欲望促使他们不断学习和进步。当孩子认识到学习的重要性时，他们会从心里更加热爱学习。父母应该帮助孩子提升学习认知的层次，对学习的认知越深刻，越会自主地投身学习之中。

2. 肯定孩子对知识的渴望

很多在父母看来很简单的知识，孩子却不一定能够理解。所以，无论孩子提出多么"幼稚"的问题，父母都应该肯定孩子的求知欲，这样孩子才能始终对知识保持兴趣，才会更愿意学习。

3. 强化孩子的求知欲

一个人行为习惯的巩固，与外界刺激有着密不可分的关系。与未经强化的行为相比，受到强化的行为更容易再次出现。所以说，当孩子表现出强烈的求知欲时，父母应该以赞赏、奖励等方式予以强化，在逐步强化的过程中，孩子会越来越爱学习。

求知欲是孩子不断探索未知事物的动力所在，求知欲强的孩子，学习动力更强，对学习的热情更高，更能在学习中投入精力。刺激和强化孩子的求知欲，将有助于孩子更好地学习。

益智游戏：神奇的图案

1. 准备毛笔两支、打火机一只、白纸若干、剪刀一把、白糖水和盐水各半杯。

2. 父母和孩子分别用毛笔蘸些白糖水，在白纸上画画。

3. 各自介绍自己画的图案，描述图案的内容。

4. 将图画晒干，看一看有什么变化（图案消失）。

5. 用打火机烤一下图案所在的位置，再看看有什么变化（糖分经火烤之后会呈现黑褐色，所以图案会重新显现）。

6. 再用盐水画一幅画，经过晒干、烘烤之后，看看有什么变化。

7. 将图案剪下来，重新涂色，说一说图案神奇在哪里。

聪明孩子的学习法则：态度决定学习成绩

法则1：从学习中寻找乐趣

聪明的孩子不会让日复一日的学习变得枯燥无味，他们会用各种方法让学习变得有趣起来。比如，将学到的知识串联成一张"网"，和父母玩成语接龙游戏，等等。在娱乐中学习，不仅能使孩子兴趣盎然，还能加深孩子的印象，是学习知识的好方法。

法则2：换个角度看待学习难题

聪明的孩子不会被学习难题吓倒，即便一时间找不到解答的方法，他们也不会垂头丧气。他们不会将难题看作自己学习进程中的拦路虎，而是将它们视作通往成功的垫脚石。有了这样的态度，难题最终往往能够轻松得到解决。

法则3：不依喜好决定如何学习

聪明的孩子不会依自己的喜好去决定学习方式，他们懂得知识均衡的重要性，知道应该如何合理分配时间和精力，以达到最佳的学习效果。将自己喜欢的学科和不喜欢的学科搭配起来学习，能够逐渐培养对不喜欢的学科的兴趣，最终实现提高该学科成绩的目标。

第三章

合理规划时间，提升学习效率

事在人为：一年可以等于二年、三年，例如每天用十七八小时读书；反之，二三年也可以等于一年，甚至比一年还少，例如每天只用五六小时以下读书。我决心每天用十六到十八小时翻阅中国历代文集。

　　——中国历史学家、思想史研究专家蔡尚思

制订学习计划，统筹安排时间

爸爸："壮壮，这个月的学习计划完成得怎么样了？"

壮壮："我一直在努力按照计划去学习，可是时间不够用。"

爸爸："为什么呢？"

壮壮："最近学校的活动很多，占用了很多时间。"

爸爸："你的计划里没有为活动留出时间吗？"

壮壮："没有。"

爸爸："看来你这个学习计划并不完善，下一次要考虑周全一些。"

孩子刚刚上学的时候，学习成绩通常都很不错。这让很多父母降低了对孩子学习计划的重视程度，他们以为自己的孩子很聪明，即便没有学习计划，也一样可以取得好成绩。

事实上，这些父母忽视了一个被好成绩遮掩起来的真相：刚刚入学的孩子学习科目较少、作业不多，学习时间十分充裕，这些都为孩子取得好成绩创造了条件。

随着课业的增多，孩子能够自由支配的时间会越来越少，如果没有合理的学习计划，会对学习效率造成严重的负面影响。统筹安排时间可以提高时间的利用率，让孩子在有限的时间里学到更多的知识。而且，制订学习计划的过程可以有效增强孩子的学习能动性。

可以说，制订学习计划对孩子的成长是十分重要的。那么，应该怎样制订学习计划呢？

1. 将制订学习计划当成一种习惯

在制订学习计划的过程中，孩子可以根据各个学科的具体情况适当安排学习时间，对孩子来说，这是一个总结和了解整体学习情况的好机会。制订计划，可以让孩子有条不紊地进行学习。

2．合理制订学习计划

要根据实际情况，制订合理的学习计划。计划目标太高或者太低，都会对孩子产生消极的影响。目标太高，孩子觉得难以达成，便会失去学习的动力；目标太低，孩子轻易就能达到，便会对学习失去兴趣。

3．以孩子为主导制订学习计划

孩子对自己的学习情况更有发言权，因此在制订学习计划的时候要以孩子为主导。只有尊重孩子的意愿，适合孩子的情况，孩子才更愿意遵从学习计划，学习能力才能不断提升。

4．短期计划和长期计划相结合

学习计划有短期和长期之分，短期计划应该设定短时间内可以达成的目标，长期计划则需要设定较长时间内才可实现的目标。孩子在实现一个个短期计划的过程中，得到的不仅是知识，还有逐渐积累的信心。有了信心，学习的时候就会更加得心应手。

合理、有效的学习计划，是孩子学习的导向和指南。按照既定的计划学习，孩子的定位会更加准确，方向会更加明确，学习的动力也会更强。

小测试：孩子的专注力如何？

根据孩子平时的表现或孩子的表述，在符合孩子情况的描述后面画"√"。

序号	情况描述	结果
1	无论是在课堂上还是在辅导班，学习期间都能集中注意力	
2	可以静坐10分钟以上，进行深呼吸或是冥想	
3	可以连续写作20分钟以上	
4	对自己喜欢的有益活动，可以持续投入一个小时以上	
5	认真读书的状态能够维持半个小时以上	
6	可以独自做作业半个小时以上	
7	不会同时打开手机、电视和电脑	
8	认真做瑜伽或体操可以持续20分钟以上	
9	与他人对话可以持续10分钟以上	
10	进行手工活动时，可以集中精力20分钟以上	

测试结果

少于4个"√"，表示专注力有待提升；4~7个"√"，表示专注力一般；多于7个"√"，表示专注力较好。

珍惜零碎时间

爸爸："悦悦，作业做得怎么样了？"

悦悦："没做呢，过一会儿我要出去，等回来再做。"

爸爸："哦，那昨天让你背的单词背完了吗？我明天可是要检查的哦！"

悦悦："作业这么多，我根本没有时间背！"

爸爸："真的没有时间吗？出门前的这几分钟，你是不是可以背几个单词呢？"

悦悦：……

诺贝尔奖获得者雷曼说过："每天不浪费或不虚度或不空抛的

那一点点时间，即使只有五六分钟，如得正用，也一样可以有很大的成就。"任何事物的发展，都要经历从量变到质变的过程。在零碎时间里学习的东西单独看来并不起眼，但是积累在一起，就能看到明显的学习效果。

在父母的教育下，聪明的孩子从小就懂得重视并充分利用零碎时间，这在无形中延长了孩子生命的长度，增加了学习的时间和机会。

1. 零碎时间的利用秘诀

零碎时间出现的频率很高，在饭前、睡前、等人、准备做某事之前，都有可能出现；零碎时间的长度依情况而变化，可能是五分钟、十分钟、半个小时等。无论何种情况，秘诀只有一个，那就是提前做好准备。比如，随身携带单词卡片、简短文章等，一有零碎时间就能随时利用。

2. 等待时间学什么

等待的时间总是让人觉得很漫长，与其焦急地左顾右盼，不如拿起一本书或者一份报纸，边等待边学习。聪明的孩子会将每一段等待的时间都充分地利用起来，长期这样坚持下去，就能看到很明显的学习效果。

3．饭前时间学什么

吃饭之前的时间不会太长，可以利用这段时间背单词、数学公式等。学习这类知识耗时较少，而且对知识的整体性要求较低，短时间内就能掌握。

4．睡前时间学什么

睡觉之前的这段时间，需要将身体放松下来，以便更快地进入睡眠状态，让大脑得到良好的休息。在这个时间段里，可以闭上眼睛回忆一下当天学习的知识，这将有助于巩固知识记忆。

益智游戏：气球娃娃的帽子

1. 准备气球、纸杯、彩笔、线各若干，一壶热水。

2. 将气球吹足气，并用线把气球口扎紧，让孩子用彩笔给气球画上眼睛、嘴巴等。

3. 数一数气球娃娃有几种颜色，每一种颜色的有几个。

4. 试着把纸杯当帽子戴在气球娃娃的头上，看看能不能戴得住。

5. 将热水倒入纸杯，半分钟后再将水倒掉，然后迅速将纸杯口紧密地扣在气球娃娃的头上。

6. 片刻之后，观察一下"帽子"是不是戴在了气球娃娃的头上。

7. 说一说前后两种情况的差别在哪儿，气球娃娃的"帽子"为什么能戴住。

痛快玩，认真学，玩耍、学习有时限

爸爸："牛牛，你站在门口干吗呢？"

牛牛："我想去踢足球。"

爸爸："你的作业写完了吗？"

牛牛："还没有，踢完球我就写。"

爸爸："好吧，那就去踢一个小时，回来之后抓紧时间写作业。"

牛牛："好的。"

很多父母不希望孩子输在起跑线上，所以利用课余时间给孩子报各种各样的兴趣班，让孩子本就不充裕的时间变得更加紧张。

　　为了让孩子有更多的学习时间，有些父母甚至每天将孩子关在家里，不让孩子出去玩，以为这样就可以让孩子更加专注于学习。到最后却发现，孩子的成绩并不像自己想象的那样有巨大的进步。

　　爱玩是孩子的天性，如果父母非要限制孩子玩耍，就会导致孩子被学习压垮，进而产生厌学情绪。正确的做法应该是，让孩子该学习的时候学习，该玩耍的时候玩耍，学玩结合才能拥有更高的学习质量。

1. 痛快玩，认真学

如果孩子想玩的时候非要让他学习，即便孩子坐在书桌前，学习效率也不会高，倒不如让孩子痛痛快快地玩，玩的兴致消失之后，孩子更能集中精力学习。

2. 玩耍和学习都要有时间限制

凡事都要有个度，不管是玩耍还是学习，都应该限定时间，到了约定的时间，就要让孩子按照约定去做该做的事，不可放纵孩子。

孩子对玩耍都有很强烈的渴望，这是天性使然，父母不应强制进行改变。玩耍不仅能让孩子在紧张的学习之余得到适当的放松，还对孩子的大脑开发有很多益处，这样两全其美的事情，父母应该多多支持才是。

小测试：孩子的时间管理能力强吗？

根据孩子平时的表现或孩子的表述，在符合孩子情况的描述后面画"√"。

序号	情况描述	选项（得分）		
		总是（2）	偶尔（1）	从不（0）
1	能够有条不紊地做好自己该做的事情			
2	时时刻刻都知道自己应该做什么			
3	任何时间都觉得自己有事情可做			
4	能够分清眼前最重要的事情是什么			
5	放学之后，不会产生非常疲惫且学习状态不佳的感觉			
6	做事之前会告诉自己以最快的速度保质保量地完成			
7	做事情的时候，不会半途而废			
8	办事效率很高			
9	不会同时去做几件事情，因为知道那样的话哪件事都做不好			
10	每学期开学之前都会制订新学期的学习和生活计划			
11	不会因顾虑其他事情而无法全神贯注地去做手头的事			
12	做事时不容易受到外界事物的影响			
13	能够及时反思自己利用时间的状况			
14	不觉得没时间去做自己喜欢的事			
15	课余时间不会觉得无事可做			
16	每天能够按时起床			
17	每隔一段时间就会检查计划完成的情况			
18	自己的东西会放得井井有条			
19	每天都会按照计划学习和娱乐			
20	对有困难的事情，不会给自己找借口推迟去做			

测试结果

0~15分，表示时间管理能力不足，需要极大提高；16~30分，表示时间管理能力一般；31~40分，表示时间管理能力和学习方法都较好，应该继续保持。

交替学习，大脑需要适当调节

　　妈妈："豆豆，你还背古诗呢？"

　　豆豆："嗯，我感觉越背越背不下来。"

　　妈妈："休息一下，让大脑调节一下，效率会更高。"

　　豆豆："哦，我知道了。我去玩一会儿。"

　　自己喜欢或擅长的学科，孩子通常愿意花费更多的时间去学习。因为擅长，所以他们往往可以取得更好的成绩，而好成绩会让他们更加自信，更有自豪感。

　　有些父母或许觉得，孩子自信和喜欢学习都是很好的事情，所以没有去纠正孩子的这种学习方式。殊不知，这种学习方式不仅会让孩子出现偏科的现象，还会让孩子因长时间学习一门学科而导致学习效率下降，最终对学习产生厌烦心理。

对于孩子来说，在学校学习的每一门学科都是十分重要的，不能仅仅根据自己的喜好有选择性地学习。父母应该教育孩子学会交替学习，根据不同学科的学习情况，适当安排相应的时间去学习。

1. 均衡发展，孩子更聪明

知识的海洋广阔无垠，仅仅学好一门学科，并不能给孩子带来丰富的知识，只有各学科均衡发展，才能培养出知识全面的聪明孩子。孩子长时间学习一门学科，必然导致其他学科的学习时间不足，这与让孩子全面发展的初衷是相悖的。

2. 效率高，学习效果才好

孩子长时间学习一门学科，会让大脑产生疲劳感，导致学习效率下降，学习效果欠佳。虽然时间很长，但是整体效率不佳，从本质上来说其实是在浪费时间。

3. 遇到难题，没必要非解开不可

对一时解不开的难题，很多孩子即便花费几个小时也不肯放弃。虽然专注和坚持的精神值得鼓励，但是学习效果并不能让人满意。倒不如换个科目，转换一下大脑的思维。

坚持学习是件好事，但是长时间学习一门学科并不值得提倡。各门学科交替学习，会让孩子精力充沛、思路清晰，学习起来自然轻松许多。

益智游戏：寻找熟悉的名字

1. 告诉孩子几个人或物的名字，如周敏怡、王壮飞、李

霞、西瓜、汽车等。

2. 给孩子讲个故事，让其中一部分名字出现在故事中。

3. 让孩子从故事中找出之前提到的名字。

4. 孩子在听到熟悉的名字时，可以打断父母，告诉父母自己的发现。

5. 在故事讲完之后，可以让孩子重复一下故事中出现的名字，或是复述故事。

6. 随着游戏次数的增加，可以适当增加名字的数量及故事的长度，来增加游戏的难度。

今日事，今日毕，不给学习"留尾巴"

爸爸："叮当，老师留的英语作业写完了吗？"

叮当："还没有呢，明天放假，等明天写也不迟。"

爸爸："明天还有明天的事情，万一腾不出时间呢？"

叮当："嗯，好吧，我去把今天的作业做完。"

很多人都会背诵明代诗人钱福所写的《明日歌》中的诗句："明日复明日，明日何其多！我生待明日，万事成蹉跎。"然而，真正能够做到"今日事，今日毕"的人并不是很多。

为了让孩子合理安排自己的时间，父母应该从小培养孩子"日事日清"的学习习惯，以免孩子拖拖拉拉，影响学习进度和学习效果。

1. 因人而异地制订培养计划

每一个孩子都具有独特的心理和行为特点，父母应该根据孩子的实际情况，制订符合孩子成长和发展的计划，逐渐培养孩子"今日事，今日毕"的学习习惯。

2. 父母要以身作则

孩子都很善于模仿，父母的行为习惯对孩子有很大的影响，因此，父母应该为孩子做好榜样，通过自己的表现潜移默化地影响孩子。

3. 适当给予奖励

孩子有所进步时，父母应该适当地进行奖励，这会激发孩子的上进心，让孩子更加积极主动地完成每天的学习任务。

4. 坚持不懈才能看到效果

习惯的养成需要持续一段时间，如果三天打鱼，两天晒网，对孩子的培养就毫无益处。父母要和孩子一起坚持按计划行事，最终会得到丰厚的回报。

每天都能完成学习任务的话，孩子会得到很多满足感。长此以往，对孩子提升自信心将有很大的帮助。当孩子认为完成学习任务是一件十分简单而轻松的事情时，就会对学习产生更多的兴趣，学习的效率也会提高。

小测试：孩子的学习投入程度如何？

根据孩子平时的表现或孩子的表述，在符合孩子情况的描述后面画"√"。

序号	情况描述	结果
1	会严格按照学习计划完成学习任务	
2	上课时常常积极回答问题	
3	规律的学习习惯已经保持了3年以上	
4	对预习和复习都很重视	
5	对自己的学习能力非常有信心	
6	每次考试之前，都有自己的目标分数	
7	每天都能独自学习两个小时以上	
8	针对不同的学科，拥有不同的学习方法	
9	为了提高学习成绩，会尝试改变学习习惯	
10	在解题和整理课本的过程中感觉非常开心	
11	每天的学习计划都非常明确	
12	想通过学习实现远大的目标	
13	对老师课堂上讲的内容都能理解	
14	对影响学习的因素很有克制力	
15	只要坐在书桌前，就能很轻松地集中注意力半小时以上	
16	对自己的强势学科和弱势学科有很清晰的认识	
17	经常被老师夸奖课堂表现良好	

测试结果

少于10个"√"，表示学习投入程度有待提高；10~13个"√"，表示学习投入程度一般；多于13个"√"，表示学习投入程度较高。

故事一起读：专心致志的小女孩

在波兰，有一个叫玛丽的小女孩，她学习的时候总是专心致志。即便所处的环境十分喧闹，她也不会受到影响。

有一次，玛丽在读书的时候，她的姐姐和同学在旁边又唱又跳，还时不时地做游戏，几个人嘻嘻哈哈，非常高兴。但是玛丽并没有被她们打扰，始终专心致志地读着手里的书。

玛丽的姐姐和同学想试探一下玛丽是不是真的心无旁骛，于是悄悄在玛丽身后搭起几把椅子，只要玛丽一动，椅子就会倒下来。然而，玛丽一直沉浸在书本的世界里，直到读完一整本书，身后的椅子依然竖在那里。

从此以后，玛丽的姐姐和同学不仅不再打扰她学习，还和玛丽一样认真读书，爱上了学习。

　　玛丽长大之后，成为一位举世闻名的科学家，她两次获得诺贝尔奖，并和丈夫一起发现了放射性元素镭，得到了无数的赞誉。这个专心致志学习的玛丽，就是著名的居里夫人。

第四章

记得巧，记得牢，记忆方法很重要

假如你仅仅通过词语来记住事实和想法的话，那么你只用了你一半的脑力。当同一事实或想法不仅通过词语来记住，同时也通过图像或草图来记住，那样就在你的记忆中建立起了一个强有力的联合体。当你需要回忆这个事实和想法时就可以从这一联合体提取。

——加拿大心理学家　阿伦·佩维奥博士

运用联想记忆，给大脑插上翅膀

爸爸："安安，你看纸上的这些词语，爸爸花一分钟就能全部记下来哦。"

安安："小船、包裹、按钮、卷心菜、老鼠、靴子。这么多，怎么可能？"

爸爸："只要编成故事就很容易记住啦！你听，小船行驶在海面上，靠岸之后船长发现了一个包裹，包裹上有个按钮。船长按下按钮，包裹里有一棵卷心菜，菜里躲着一只小老鼠。小老鼠害怕地逃跑，连靴子也掉了一只。"

安安："哇，爸爸好棒！我也记住了！"

著名记忆研究专家哈利·洛雷因说过："记忆的基本法则是将新的信息联想于已知的事物。"通过已知的事物联想新的信息，记忆起来既方便，效果又好。常见的通过联想来增强记忆的方法有以下几种。

1. 把记忆内容编成故事

如果要记忆的内容多而复杂，父母可以和孩子一起将要记忆的内容编成故事。故事这个载体较受孩子欢迎，孩子在编故事的过程中也加深了对记忆内容的印象。

2. 把记忆内容编成口诀

利用谐音把不相关的知识编成口诀，更容易理解，也更容易记忆。比如，要记忆美国、加拿大、比利时、法国、卢森堡、荷兰、英国、丹麦、挪威、冰岛、葡萄牙和意大利这几个国家的名称，就可以编成"加法卢英和（荷）葡冰丹意比美呐（挪）"。

3. 借助相似的事物产生联想

相似的事物有很多相同的特点，放在一起更容易记忆。发音相同的英语单词、意思相近的词语、内容相近的诗词等具有相似性的知识，都可以通过联想来帮助记忆。

4. 通过对比增强记忆

相对的事物往往差异明显，这种强烈的反差往往会对大脑产生刺激，达到良好的记忆效果。比如，记忆英语单词时，白和黑、强和弱、高和矮等相反的词，通常可以放在一起记忆。

联想记忆需要将各种信息融合在一起，通过记忆内容之间的关联性来达到促进记忆的目的，关联点可多可少，只要能够达到记忆的目的，都可以加以运用。

1. 准备好铅笔、钢笔、墨水、课本等十种物品，随意排列在桌子上。

2. 用一块布将桌子上的物品盖住，先不要让孩子看到。

3. 将布掀开，让孩子观察两分钟，并让孩子尽量记住所看到的物品。

4. 两分钟后，将布重新盖上。

5. 让孩子说出所记住的物品，记住的数量达到规定之后，给予孩子相应的奖励。

6. 随着游戏次数的增加，可以增加物品的数量或是缩短记忆的时间。

7. 可以让孩子将记住的物品写出来，锻炼书写能力。

制作记忆卡片，随时随地温习知识

楠楠："妈妈，这几个成语太难掌握了，我记不住。"

妈妈："难点在哪里呢？"

楠楠："字都一样，但是意思却完全相反。"

妈妈："把它们写在卡片上，有空的时候就温习一下，慢慢就能分辨清楚了。"

楠楠："嗯，这倒是个好主意。"

在很多学科的学习中，卡片都占有十分重要的地位。因为它便于携带，使用起来也很简便，对于爱学习的孩子来说，是非常好的辅助学习的工具。

卡片记忆的形式多种多样，比如，可以用卡片玩游戏，考核自己等。活泼灵动的方式能够激发孩子学习的兴趣。为了让孩子更好地利用记忆卡片，父母应该教会孩子制作、使用卡片。

1. 卡片的制作方法

学习要讲究效率，制作卡片当然越便捷越好。父母可以带着孩子到文具商店购买合适的空白卡片，然后将需要记忆的内容写在卡片上。

1. 建立画面背古诗

古诗语句优美，意境深远，背诵古诗有助于提高孩子的文学修养。但是，由于古诗用词简明，孩子有时难以理解，所以背诵起来自然有些困难。如果孩子能够根据古诗表现的意境在头脑中建立相应的画面，对背诵就会起到很大的促进作用。

天苍苍，野茫茫，风吹草低见牛羊……

2. 联想画面学英语

学习英语单词时，可以让孩子将单词与已知的熟悉事物联系起来记忆。比如，学习"desk"一词时，可以让孩子联想吃饭的桌子，联想一旦建立，孩子见到桌子时自然会想到"desk"。

3. 描绘图形学数学

数学中有很多抽象的概念、公式等，死记硬背的话，很容易遗忘。这个时候，不妨在头脑中描绘出相应的图形，按照图形记忆，立体而直观，记忆效果也更好。

用图像帮助记忆，就像是给知识拍了一张照片一样，以图像的形式将知识保存在大脑里，记忆的效率更高，效果更好。

益智游戏：看数字，记图形

1. 准备20张白纸和1支笔。

2. 拿出10张白纸，在每张白纸上分别随机写下1个数字。

3. 剩下10张白纸，在每张白纸上分别随机画下1个图形。

4. 将数字和图形分别随机配对，共组成10对组合。

5. 给孩子3分钟时间，让孩子记忆10组数字和图形的组合。

6. 向孩子分别出示10个数字，让孩子画出数字所对应的图形。

7. 玩完一组游戏之后，进入第二组游戏时为孩子出示图形，让孩子写出对应的数字。

聪明孩子的学习法则：这样复习更有效

法则1：养成及时复习的习惯

学习新的知识之后，总会有一个遗忘的过程，这是自然规律，谁都无法改变。聪明孩子的聪明之处在于，他们在遗忘之前，及时进行复习，所以能将知识更加牢固地记在脑子里。如果等遗忘了再去复习，就等于重新学习一遍，不仅浪费时间，也浪费精力。

法则2：和别人讨论能让复习效果更好

在复习知识的时候，可以和同学、老师、父母等进行讨论。讨论不像死记硬背那么单调，而是需要开动脑筋，不断思考，这样做，不仅能够巩固所学的知识，还能在思考中获得更多的灵感，拓展学习的空间。

法则3：复习知识不能搞疲劳轰炸

复习是为了巩固已经学习的知识，让知识更加深刻、持久地留存在大脑中，如果不断复习而不知休息，大脑就会感觉疲劳，这会影响复习的效果，非但不能达到复习的目的，反而会让大脑对学习失去兴趣，那样的话，可就得不偿失了。

第五章

脑洞大开，打破固有思维的枷锁

避免文字造成的僵滞，有一个很好的办法，就是在思考的时候，脑海里尽量多用图形，少用文字。这是一种很有价值的思考习惯，因为视觉上的"意象"远较文字来得有流动性、可塑性，使我们能够更自由地思考。

——英国思考大师　爱德华·狄伯诺

勤于思考，思维能力更突出

璐璐："妈妈，这道题我不会做，您帮我看一下，好不好？"

妈妈："好啊。你现在有没有思路？"

璐璐："有一点，但是解不出答案。"

妈妈："没关系，你说说，咱们一起思考一下，慢慢想，总能找到解答方法的。"

璐璐："好的。"

孩子思维能力的强弱，与他是否能够积极地思考有着十分紧密的关系。越是喜欢思考、勤于思考，大脑越能得到开发，思维能力也就越突出；越是不愿思考，见到难题就放弃，大脑越是呆板，思维能力越是难以发展。

有些难题，孩子的知识储备其实已经够了，之所以解不出答案，不过是因为他们没有想到用学过的知识点来解答而已。对于父母来说，培养孩子勤于思考的习惯是非常重要的一件事。

那么，父母具体该怎么做呢？可以从以下几个方面着手。

1. 引导孩子独立思考

当孩子遇到难题向父母求助时，父母不要第一时间直接给出答案，而要引导孩子自己思考，即便最终依然无法解答，孩子的思考能力也已经得到了锻炼。

2. 给孩子创造思考的机会

在日常生活中，父母可以通过趣味问答、玩脑筋急转弯等方式为孩子创造思考的机会，在问答和游戏中提升孩子的思维能力。

3. 鼓励孩子多思考

孩子能够接触的事物有限，所以对很多未知的事物充满好奇，他们提出各种稀奇古怪的问题，其实就是在思考事物的构成、来源等，父母应该鼓励孩子提问，而不是觉得问题幼稚而训斥孩子。

生活中处处都有知识，父母时时都可进行教育。学会思考、善于思考，是孩子取得好成绩的前提，也是孩子知识面更广的保证。

小测试：孩子的精力集中在学习上了吗?

根据孩子平时的表现或孩子的表述，在符合孩子情况的描述后面画"√"。

序号	情况描述	结果
1	对学习时间的利用效率较高	
2	学习的时候，一般会安静地坐在一个地方，非常用心	
3	能够竭尽全力地学习应学的知识	
4	一旦投身学习之中，就能够长时间地集中精力	
5	对需要集中精力的事情，还是比较擅长的	
6	通常能在规定的时间内完成自己的学习任务	
7	全神贯注学习的时候，听不到外界的声音	
8	学习的时候，通常不会去想其他的事情	
9	有先制订计划再学习的习惯	
10	知道什么时候学习效率最高	

测试结果

少于6个"√"，表示精力集中程度有待提高；6~8个"√"，表示精力集中程度一般；多于8个"√"，表示精力集中程度较好。

不给思维画框框，尽情放飞想象

　　妈妈："冬冬，你的画画完了吗？"

　　冬冬："画完了。我画了一幅《山羊吃草》。"

　　妈妈："我看看。这山羊怎么画得五彩斑斓的？哪里有这样的山羊？"

　　冬冬："那山羊应该是什么颜色的？"

　　妈妈："有白色的、黑色的、褐色的，还有黑白相间的……"

　　在日常生活中，很多父母常常会训斥孩子："这样不对！""不是这样做的！"仿佛只有他们的观点才是正确的，孩子应该完完全全地按照父母的思维方式去做事情。殊不知，这种做法正在不知不觉间扼杀孩子的想象力。

实际上，很多事情并没有严格的对与错，如果用简单粗暴的方式否定孩子的行为方式，只会将孩子的思维限制在一定的范围内，影响孩子思维能力的发展。

那么，应该怎样发展孩子的思维能力呢？

1. 营造良好的家庭氛围

良好的家庭氛围，会让孩子感觉轻松自在，没有拘束和压力，孩子能够保持愉悦的心情，这对孩子尽情想象有很大的益处。

2. 不要轻易否定孩子

孩子的阅历毕竟有限，为人处世都无法像成人那样成熟稳重，即便孩子的表现不尽人意，父母也不要轻易否定孩子，以免挫伤孩子的想象力。

3. 与孩子一起编故事

抽点时间，和孩子一起编故事，这有助于孩子想象力的发挥。比如，给孩子提供时间、地点、人物，让孩子据此编出故事。父母也可以和孩子轮流编，提高孩子的参与兴趣。

4. 重视孩子的动手操作能力

做某些事情的时候，父母只要在孩子身边负责提醒和指导就行，让孩子自己动手操作，他们更会积极思考，无形中就锻炼了孩子的思维能力。

孩子的想法和思维方式与成人是有区别的，父母应该给孩子

足够的成长空间，让他们尽情发挥自己的想象力，为思维能力的
发展创造更多的可能。

益智游戏：数数哪边瓜子多

1. 让孩子取适量的瓜子，放在桌子上并分成两堆。

2. 父母随意在两堆瓜子上添加少量瓜子。

3. 让孩子观察一下，猜测一下哪堆瓜子数量多。

4. 和孩子一起数数两堆瓜子的数量，并将数字记录下来。

5. 印证一下孩子的猜测是否正确，并让孩子计算一下两堆瓜
子的数量相差多少。

6. 根据孩子实际的数学水平，瓜子的数量可以适当增减。

7. 父母和孩子的角色可以互换，增加游戏的趣味性。

发散思维：从不同的角度看问题

妈妈："这里有道数学题，咱们比比谁算得快，怎么样？"

芳芳："我学过吗？"

妈妈："你来看一下，137-19+45-26=？我得拿笔算一下。"

芳芳："等于137啊！"

妈妈："你怎么算这么快？"

芳芳："19+26=45，后面3个数字之间的运算结果是0，所以答案是137！"

在学习的过程中，如果只是顺着某个思路思考，就很容易形成思维定式，这将会限制孩子思维能力的发展。发散思维则能突破常规思维的框架，让孩子从不同的角度看待问题，发现不一样的思路。

发散思维对孩子的学习和成长都有重要作用，但是这种能力并非天生就有。父母应该在孩子具有一定的常规思维能力后，再去培养孩子的发散思维能力。

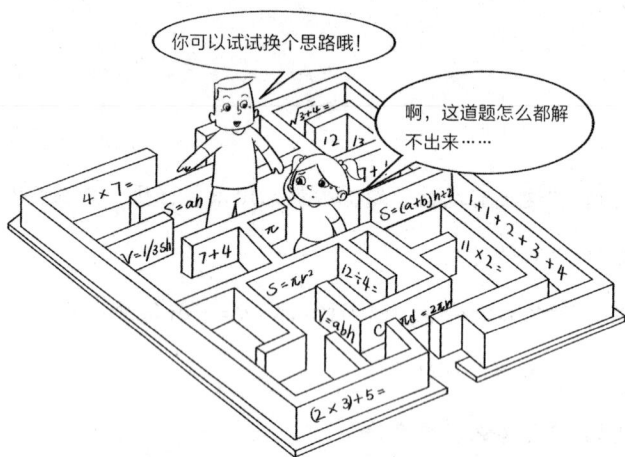

具体可以从这几个方面去做。

1. 鼓励孩子另辟蹊径

在日常生活和学习的过程中，孩子有时会做出一些超乎寻常的事情，这个时候，父母不应该斥责孩子不守"规矩"，不按常规出牌，而应该对孩子予以肯定，鼓励孩子发展与众不同的思维方式。

2. 换个角度看题目

在解题的时候，惯性思维可能会让孩子走进死胡同，一旦迟迟找不到解题方法，孩子就会对解题失去兴趣。从另外一个角度入手，孩子会对题目产生新的认识，新的解题思路便会随之而来。

3. 多想一种解决办法

为了培养发散思维的能力，父母可以让孩子遇到问题时多想一种解决办法。每一种不同的解决办法，都需要不同的思维方式，这对培养发散思维很有帮助。

发散思维具有很强的变通性及快捷性，即便某个思路受阻，还有另外的思路可供选择，这为学习提供了多种途径，为解决学习难题提供了多种可能。

小测试：孩子正受到抑郁症的困扰吗？

　　根据孩子平时的表现或孩子的表述，在符合孩子情况的描述后面画"√"。

序号	情况描述	结果
1	常常觉得悲伤	
2	对所有的事情都没有耐心	
3	脾气很大，总是感觉疲惫	
4	总是觉得学习或是课题难度很大	
5	没有食欲，常常不吃饭	
6	会为很多事情而担心	
7	总是难以入眠	
8	成绩下滑的幅度很大	
9	对孤独充满了恐惧感	
10	不善于做出选择和决定	

测试结果

　　多于7个"√"，表示孩子很可能正受到抑郁症的困扰。

逆向思维：会有意外的惊喜

冰冰："爸爸，这道题好难。"

爸爸："我看看。小明买1角钱和2角钱的邮票共100张，花去17元，问小明买了两种邮票各多少张。嗯，正面思考是有点难，参数很多，数值也比较大。"

冰冰："对呀。我算了好久都没算出来。"

爸爸："咱们换一个思路，试着用逆向思维。一开始就假设小明买了100张2角钱的邮票，那么要花去20元钱，现在他少花了3元钱，就是因为少买了多少张2角钱的邮票，而换成了1角钱的呢？"

冰冰："30张！就是说小明买了30张1角的邮票！哇，这个方法真棒！"

　　孩子面对难题无法解答或是面对困难想要放弃时，父母不妨提醒孩子反过来想一想，从相反的方向看待难题，说不定一下就能找到解决难题的思路和办法。

　　逆向思维和常规思维有很大的区别，它要求孩子放弃固有的思维模式，而以大多数人都没有想到的思路去解决学习上的难题。对于孩子来说，掌握逆向思维的能力并非易事，这需要父母给予更多的帮助和指导。

"黄河入海流"的上一句是什么？

白日依山尽！

1. 改变"告知"型的教育模式

有些父母在教育孩子时，总是采用"告知"型的模式，比如，告诉孩子单词怎么拼，数学怎么算，字词怎么读，等等。这种直接告知的方式，让孩子无须动脑，对培养孩子的思维能力无益。

2. 给孩子提问题，锻炼逆向思维能力

孩子掌握新的知识之后，父母可以通过提问题的方式来提升孩子的逆向思维能力。比如，孩子背会一首古诗后，父母可以说出其中的一句，然后让孩子说出这句诗的前一句是什么。通过这种反向的问题，可以锻炼孩子的逆向思维能力。

3. 教孩子看到事物的另一面

凡事都具有两面性，当孩子觉得某事物不好时，要让孩子看到事物的另一面，这种逆向的处理方法，能让孩子更加全面地看待事物，产生更加客观、理性的认知。

运用逆向思维去思考和解决学习难题，实际上就是出奇制胜。

当孩子用逆向思维法打开思路时，往往会有意外的惊喜出现。

益智游戏：跳动的米粒

1. 取一个干燥、洁净的小碟，放一些米粒在上面。

2. 取一只塑料汤勺，在毛料衣服上摩擦一会儿。

3. 迅速将汤勺移到盛有米粒的小碟上，并慢慢靠近米粒。

4. 仔细观察米粒的变化，可以发现部分米粒跳起来吸附在汤勺上。

5. 讨论一下，为什么会出现这种情况。

6. 调整摩擦的时间，观察一下跳起的米粒数量和摩擦时间有没有关系。

类比思维："照猫画虎"学习快

　　果果："妈妈，老师让我们画一张脸谱，我不会，怎么办？"

　　妈妈："不着急，妈妈帮你在网上找一张脸谱，你照着画就行了。"

　　果果："好的，谢谢妈妈！"

　　妈妈："以后再遇到不懂或不会的东西，你也可以找个相似的东西参考一下。"

　　果果："我知道了。"

　　孩子对未知的世界总是充满好奇，然而由于知识和阅历的限制，他们并不能很好地探索世界。为了让孩子尽快熟悉和了解未知的事物，父母要教会孩子以类比思维去看待这个世界。

将陌生的知识和已经掌握的知识进行类比，把未知的事物和已知的事物进行类比，孩子能迅速扩大自己的知识面，在学习方面获得更大的进步。

在学习的过程中，孩子想要灵活运用类比思维，不仅要有一定的知识储备，还要对类比对象有深刻的理解。

通常而言，在学习中能够运用的类比思维有以下几种。

1. 横向类比思维

这种类比思维，是将同种类型但表达方式不同的元素进行比较，如意思相同的英语单词、含义相近的词语等。通过比较发现知识的相通之处，这样便于整体掌握，提升学习效率。

2. 纵向类比思维

这种类比思维，是将新知识和头脑中的旧知识进行比较，通过比较发现知识之间的联系、差异等。这种思维能够帮助孩子建立相应的知识体系，完善知识结构。

3. 对立类比思维

完全对立的事物之间往往可以形成鲜明的对比，这种差异性会对孩子的大脑产生强烈的刺激，有助于孩子大脑的开发和思维能力的提升。

培养类比思维，父母应该有意识地在生活中去做。让孩子"照猫画虎"，举一反三，孩子有了融会贯通的能力，便能灵活地运用头脑中的知识，让学习变得简单起来。

小测试：孩子对无联系事物的记忆力如何？

给孩子5分钟，让他努力记住下列20个词语，孩子做完后，父母算出记忆效果。

序号	词语	序号	词语
1	脂肪	11	云南
2	报纸	12	经济
3	精神	13	高兴
4	贫乏	14	电视
5	裤子	15	网络
6	悲伤	16	菜刀
7	风扇	17	黄瓜
8	汽车	18	舞蹈
9	字典	19	射击
10	愤怒	20	奶牛

测试规则

词语和序号完全对应，答案才算完全正确。

计算公式：

记忆效果＝正确记忆的词语数/20×100%

故事一起读：用鼻子弹琴

著名作曲家莫扎特曾拜到伟大的作曲家海顿门下，跟他学习音乐知识。

一天，年轻的莫扎特对海顿说："老师，我能写一段曲子，但是您弹奏不出来。"

海顿不以为然地说："这根本不可能！"

莫扎特将写好的曲谱交给了海顿，海顿尝试着弹了一阵之后吃惊地叫起来："你写的这是什么曲子啊？当两只手分别在钢琴两端弹奏时，会有一个音符出现在键盘中间。这段曲子真的弹奏不出来。"

莫扎特却对海顿说："老师，让我试一下。"

　　只见莫扎特的手指灵活地在琴键上跳跃，美妙的音乐瞬间充满了整间屋子。在遇到出现在键盘中间的音符时，他竟俯下身，用鼻子弹了出来。

　　弹奏完毕，莫扎特对海顿说："老师，看来您还没有全力以赴啊！"

　　海顿感慨万千地说："是啊，我没想到这一点。弹琴的时候，除了可以用10个手指头，还有其他的东西可以利用呢！"

第六章

助人就是助己，协作学习收获多

你有一个苹果，我有一个苹果，互相交换，各自还是只有一个苹果；你有一种思想，我有一种思想，互相交换，各自得到两种思想。

——爱尔兰剧作家　萧伯纳

参加学习小组，与同学共同进步

石头："妈妈，老师让我参加数学学习小组。"

妈妈："好啊！这对数学成绩有帮助。"

石头："可是我的数学成绩很好啊！"

妈妈："你可以帮助其他同学啊，组员要共同进步才行。"

石头："哦，我明白了，那我报名参加吧！"

每个孩子都有自己的优势和劣势，参加学习小组，能让孩子发挥自己的优势，弥补自己的劣势，所以父母应该鼓励孩子积极参与其中。

实践已经证明，参加学习小组的孩子，在语言表达、人格塑

造等方面都有很大的进步，可以说，学习小组是提升学习能力的
有效途径之一。那么，孩子参加学习小组都有哪些好处呢？

1. 培养孩子的合作精神

每个小组成员都有自己的任务和目标，只有大家通力合作，
学习小组的作用才能发挥出来。在这个过程中，可以培养孩子的
合作意识，这对他今后的生活、工作都有很大的帮助。

2. 锻炼孩子的交往能力

小组成员之间免不了要进行各种沟通，这对孩子的交往能力是一种极大的锻炼，对孩子的语言能力、组织能力的发展也有极大的促进作用。

3. 增强孩子对学习的兴趣

每个孩子都有自己的喜好，对喜欢的学科有浓厚的兴趣。参加学习小组，与组员一起讨论和学习，会让孩子爱上原本不感兴趣的学科，这会让孩子的学习成绩变得更加均衡。

在一个学习小组中，组员之间会互相监督、鼓励，借鉴彼此的学习经验，孩子不仅能够提升自主学习的能力，还能提高学习效率，实在是一种很好的学习模式。

益智游戏：一起制作叶脉底片

1. 准备软毛刷、塑胶手套、水彩笔、硬纸板等。

2. 采集新鲜树叶，并将树叶清洗干净。

3. 取蒸锅或其他容器洗净、装水，放在燃气灶上加热。

4. 将树叶放入容器中，待叶片煮至软烂、叶脉依然完好时捞出。

5. 将捞出的树叶放入清水中，戴上手套将树叶洗净。

6. 洗净的树叶放在干净的玻璃等平整的硬物上。

7. 用软毛刷轻轻刷掉叶肉，保存完整的叶脉。

8. 叶脉自然干燥之后，将其固定在硬纸板上；用水彩笔为叶脉画上美丽的背景颜色，一个叶脉底片就制成了。

学习同学的优点，让自己变得更聪明

朋朋："妈妈，小刚学习成绩不好，我不想跟他玩了。"

妈妈："他成绩是不好，但是足球踢得好啊，踢球能锻炼身体。"

朋朋："净顾着踢球，哪有时间学习？"

妈妈："学习很重要，健康的身体更重要，你要是病了，还怎么学习？"

朋朋："您说得对，我明白了。"

中国著名的教育家孔子说过："三人行，必有我师焉。"孔子尚且知道虚心向人求教，普通人更应该如此。

父母要让孩子明白，每个人都是与众不同的个体，每一位同学身上都有值得学习的优点，引导孩子用心去观察，并从同学身上汲取智慧。借鉴同学的学习经验，孩子能够更简单、更快捷地获得更多的知识。

那么，孩子应该怎样向同学学习呢？

1. 保持谦虚的心态

聪明的孩子会以谦虚的心态去面对身边的每一位同学，积极地向同学学习和请教，以此提升自己，获得更多的学习经验、学习方法和丰富的知识。

2. 积极发掘同学的优点

聪明的孩子不会将关注点放在同学的缺点上，而会积极地发掘同学的优点，即便是成绩不好的同学，也能在他身上发现闪光点，并认真地请教和学习。

3. 不断学习，融会贯通

聪明的孩子向同学学习优点的时候，不仅谦虚、认真，还善于将各种优点融会贯通，集各家之长，让自己变得更加优秀，更精于学习。

与同学相处的过程中，聪明的孩子会时刻观察同学的表现，每一个值得学习的优点，他们都会认真去请教，这是他们变得更加聪明、更善于学习的途径之一。

小测试：孩子的学习欲望如何？

根据孩子平时的表现或孩子的表述，在符合孩子情况的描述后面画"√"，最后统计分数。

序号	情况描述	选项（得分）				
		十分同意（4）	基本同意（3）	一般（2）	不同意（1）	根本不同意（0）
1	认为必须通过学习去达成某种目标					
2	会根据学科制订学习计划					
3	能够高效地制订学习计划					
4	看书的时候注意力很集中					
5	相信认真学习才能变聪明					
6	很清楚自己喜欢什么、擅长什么					
7	对不懂的知识，会探究到底					
8	认为学习是十分重要的事情					
9	学习中学到的知识大多都能实际运用					
10	不用强调也会自主学习					
11	假如计划没有完成，会变得心情不佳					
12	对未来的职业有自己的想法					
13	会独立制作学习规划表					
14	完全是为了自己而学习					
15	认真学习，有十分明确的理由					

测试结果

0~39分，表示学习欲望有待提高；40~50分，表示学习欲望一般；51~60分，表示学习欲望较高。

互相检查作业，巩固所学知识

悠悠："依依，放学之后去我家写作业呗！"

依依："好啊！"

悠悠："写完之后咱俩还能互相检查，看看有没有错误。"

依依："嗯，真是个好主意。"

有些时候，孩子们喜欢聚在一起写作业，今天去你家，明天去他家。一起写作业的时候，不仅气氛融洽，而且能够互相督促，对于孩子来说是很好的学习方式。另外，在一起写作业，还能提升彼此之间的感情，这对孩子交际能力的提升也有益处。

为了孩子的学习进步和未来发展，父母应该鼓励孩子与同学一起写作业。那么，孩子们在一起写作业，需要注意哪些事项呢？

好啊！

依依，放学之后去
我家写作业呗！

1. 互相检查作业中的错误

在互相检查作业的过程中，查找彼此的错误是一项非常重要的内容。父母要告诉孩子，找到同学的错误之后，只要悄悄告诉同学就行了，千万不要大声宣扬，因为这会伤害对方的自尊心。

2. 互相寻找作业中的优点

检查作业时，不仅要寻找错误，还要发现优点，如字迹工整等。发现同学的优点并积极学习，能让孩子更快、更好地进步。

3. 总结自己和同学的错误

无论是自己给同学查找出的错误，还是同学给自己查找出的错误，都应该对其进行总结，从错误中积累知识和经验，为以后的学习奠定基础。

益智游戏：制作一幅美丽的"水画"

1. 将饭桌收拾、清理干净，倒适量清水在上面。

2. 轻轻吹动桌面上的水，让水滚动起来。

3. 按照自己的想法，慢慢吹出一幅"水画"。

4. 在吹水的过程中，可以随时根据水的形状改变思路。

5. "水画"吹好之后，可以用手指随意画几下，看看有什么变化。

6. 根据"水画"的样子，想象一下其像什么或是还可以如何变化。

当好小老师，辅导、学习两不误

飞飞："瑶瑶，这道题我不会做，你能教我一下吗？"

瑶瑶："好啊！这道题是这样的……"

飞飞："你能不能说得慢一点，我听不太懂。"

瑶瑶："我说得已经很慢了，你怎么还听不懂呀？"

有些孩子学习成绩很好，但是并不喜欢辅导同学。其中的原因多种多样，有的是觉得题目太简单，不屑于辅导；有的是担心同学学会之后，超越自己；有的是因为没有耐性，辅导同学的时候难以控制情绪。

无论是哪种原因，只会自己学习却不愿辅导同学的人，往往无法和同学打成一片，也就无法从同学身上学习更多的优点，这对孩子的学习并不是一件好事。因此，父母应该让孩子学会积极辅导同学，在辅导过程中巩固知识、获得经验。

1. 教导孩子享受辅导乐趣

孩子愿不愿意、懂不懂得辅导同学，和父母的教导有很大的关系，父母要从小培养孩子乐于助人的优良品质，让孩子享受辅导同学的乐趣。当这种乐趣让孩子深感快乐时，他自然会主动地为同学进行辅导。

2. 让孩子注重集体荣誉感

在上学阶段，就要让孩子产生集体荣誉感，当他将班集体的利益放在首位时，自然会愿意积极辅导同学，共同获得进步。而且集体荣誉感的建立，对孩子今后的成长也大有益处。无论孩子以后身处哪个集体中，注重集体荣誉感的他，总会受人欢迎。

3. 追求最好的辅导方法

辅导同学时，应该因人而异地制定辅导方案和方法，毕竟每个同学的学习水平和接受程度都不同，如果千篇一律，那辅导效果则无法达到最佳。这个过程对孩子来说也是一种锻炼，可以让孩子学会合理制订计划。

4. 辅导也是一种学习

辅导同学的过程，就是将所学知识重新梳理和巩固的过程，这对孩子自己的学习也是很有帮助的。让孩子认识到这一点，有助于孩子正确理解辅导同学的意义。

家长应该明确一点，那就是孩子辅导同学不仅是在帮助别人，也是在帮助自己。让孩子树立正确的观念，以积极的心态投入这项工作，不仅能让孩子变得更加主动和享受，也能获得更大的学习动力。

小测试：孩子展现出的学习形象如何？

　　根据孩子平时的表现或孩子的表述，在符合孩子情况的描述后面画"√"。

序号	情况描述	结果
1	拥有好好学习的能力	
2	大多数情况下，对考试结果感到满意	
3	上课的时候，总是积极发言	
4	在班级中是非常重要的人物	
5	很喜欢上学	
6	学习成绩很不错	
7	学校生活很丰富	
8	学习成绩和期待中的一样	
9	总是积极参与班级事务	
10	认为学校生活是人生的重要组成部分	

测试结果

少于6个"√"，表示孩子展现出的学习形象有待提升，在他人眼中是消极的学习者；6~8个"√"，表示孩子展现出的学习形象一般，未能给人留下深刻的印象；多于8个"√"，表示孩子展现出的学习形象较好，在班级中是经常被老师表扬和同学称赞的对象。

真诚的孩子更有人帮

小宇："妈妈，我向同学问问题，他们都不告诉我。"

妈妈："为什么会这样呢？"

小宇："他们都太小气了，怕我超过他们呗！"

妈妈："那别人向你请教问题的时候，你会教他们吗？"

小宇："不会……"

很多人都明白一个道理：想要别人怎样对待我们，我们首先要怎样对待别人。但是孩子的阅历有限，所以他们往往意识不到这一点。父母是孩子的第一任老师，应该教会孩子真诚对待他人，彼此之间友爱互助，才能共同学习，共同进步。

孩子也许理解不了那么深刻，但是听了父母的教诲，又有了实际行动之后，就能明白真诚的重要性了。

> 妈妈，我有不懂的问题问同学，他们都不告诉我。

> 下次同学向你请教的时候你耐心地回答，他们自然也会愿意帮助你的。

父母可以从这几个方面教育孩子。

1. 做孩子的好榜样

要让孩子学会真诚待人，父母首先要做到真诚。要知道，孩子的模仿能力很强，父母怎样表现，孩子就会怎样模仿。父母自己都做不到的事情，却要求孩子去做，孩子当然不会乐意。

2. 告诉孩子答应的事情一定要做到

诚信是一个人最大的财富，信守诺言才能赢得人心。告诉孩子，一旦对同学许下诺言，无论遇到多大的困难都要尽力兑现，只有这样做，同学才会以相同的方式帮助自己。

3. 让孩子以宽容的态度对待同学的错误

告诉孩子，当同学犯错误的时候，要给同学改正的机会。做一个心胸宽广的人，会更受同学欢迎，同学也愿意倾尽所能地帮助自己。

4. 教孩子学会与同学分享

把自己的学习经验、心得、教训等和同学分享，以减少同学再次犯错的可能，这会让同学心生感激，因此更愿意倾囊相授，和自己互助学习。

真诚的力量是超乎想象的，从小培养孩子的这种品格，不但对孩子的学习大有帮助，而且会让孩子变成一个优秀的人，这对他今后的工作、生活都大有裨益。

益智游戏：一人添一笔

1. 准备白纸和笔。

2. 大家围坐在一起。

3. 每个人每次写一笔，最终共同完成一个汉字。

4. 完成一个汉字之后，思考一下所写汉字的含义，讨论一下字形相似的汉字。

5. 重新开始一轮游戏，最初几笔可以与之前的汉字相同，看看能写出什么不同的汉字。

6. 观察一下两个汉字的异同，想想改动几笔还能变成什么汉字。

聪明孩子的学习法则：自主学习益处多

法则1：自觉完成各科作业

老师留作业的目的是检查孩子知识掌握的情况，也让孩子了解自己的学习情况。只有在做作业的过程中，孩子才知道自己在哪方面有所欠缺，这便为接下来的学习提供了依据和方向，让孩子能够有的放矢地查漏补缺，提高学习成绩。

法则2：归纳、整理学习笔记

遇到不懂或者难以掌握的知识，孩子需要做学习笔记，这样才能在课余时间进行针对性的学习。每隔一段时间，应该归纳、整理学习笔记，了解自己对难点知识的掌握情况，并及时复习已经遗忘的知识，进一步巩固已经掌握的知识。

法则3：兼顾各科，均衡发展

自主学习靠的是孩子的自觉性，但如果孩子只学自己喜欢的学科，那对其学习的均衡发展是很不利的，父母和孩子都应该意识到这一点。自学的时候，应该兼顾各科，为每一科合理分配时间和精力，这才是正确的自主学习方法。

第七章

重视课外阅读，提升学习能力

要热爱书，它会使你的生活轻松，它会友爱地帮助你了解纷繁复杂的思想、情感和事件，它会教导你尊重别人和自己，它以热爱世界、热爱人类的情感来鼓舞智慧和心灵。

——苏联作家、社会主义现实主义文学奠基人　高尔基

选一本好书，让孩子爱上阅读

妈妈："冰冰，妈妈给你买的四大名著你看了吗？"

冰冰："没看。"

妈妈："那可都是名著，看了对你很有帮助的，你怎么不看？"

冰冰："我也想看，可是我看不懂啊！"

妈妈：……

大部分父母都会为孩子买课外书，不仅希望孩子通过阅读提高学习兴趣，还希望孩子在课余时间充实自己，开阔眼界。

然而，有些孩子并不像父母想象中那样会慢慢喜欢上读书，甚至将父母买的书束之高阁，这让很多父母觉得着急不已。

探究之后不难发现，孩子不爱读书的主要原因，是父母买的书无法引起孩子的兴趣。那么，父母应该如何提高孩子的阅读兴趣呢？

1. 给孩子创造有书的环境

父母应该为孩子创造有书的环境，让孩子受到文化氛围的熏陶。父母可以为孩子设立一个读书的区域，在书架上摆上孩子喜欢阅读的书籍。孩子有了自己的阅读空间，就会更容易爱上读书和学习。

1 · 5 · 1

2. 为孩子选择好书

很多父母在给孩子选择图书的时候总是犯难，其实，选书的原则很简单：健康的、孩子喜欢的书，就是好书！另外，适合孩子年龄特点的书，会更受孩子欢迎。

3. 与孩子一起阅读

父母可以与孩子一起阅读一本书，并分享其中的乐趣和收获，这对激发孩子的阅读兴趣很有好处。

4. 让孩子学会写读书笔记

一边读书一边写笔记，可以让孩子的大脑得到适当的休息，能够有效增加孩子集中精力的时间，也能提高孩子的思维能力。

读书可以丰富孩子的精神世界，提高孩子对生活的认知度，当知识积累到一定程度的时候，他们便会以更加理性的态度去处理生活中遇到的事情，这对孩子来说是大有裨益的。

小测试：孩子的语言智力如何?

根据孩子平时的表现，在相应的选项下面画"√"，最后统计分数。

序号	情况描述	选项（得分）				
		十分同意（4）	基本同意（3）	一般（2）	不同意（1）	根本不同意（0）
1	常常给人或事物起非常有趣的外号					
2	常常能够发现别人文章中的语病等错误					
3	常常被夸奖作文很好					
4	出声读书时，理解比较充分					
5	很喜欢讨论书籍或文章					
6	与人对话时，内容很丰富					
7	很喜欢语文课或作文课					
8	做事情时，喜欢发令或和别人协商					
9	自己能编故事，或写过诗、歌词					
10	与人对话时，词汇、句子运用得很好					

测试结果

　　0~19分，表示语言智力有待提高；20~30分，表示语言智力一般；31~35分，表示语言智力优秀；36~40分，表示语言智力很高。

经典名著，值得反复阅读和品味

爸爸："轩轩，《三国演义》读完了吗？"

轩轩："读完了。"

爸爸："那你能给我讲讲里面的内容吗？"

轩轩："这本书那么长，我哪里记得住啊！"

爸爸："经典名著需要反复阅读，每次阅读都会有不一样的
感受。"

轩轩："哦，那我再读一遍。"

父母给孩子选择读物的时候，经典名著应当是首选。因为它
们会给孩子带来积极而丰富的信息，对孩子的智力发育具有很

好的刺激作用，有助于孩子提升阅读能力、理解能力、思考能力等。

有的父母可能会担心，有的经典名著篇幅太长，孩子或许读不懂或是读不下去。这种情况其实十分正常，毕竟许多经典名著创作的时间较早，当时的社会背景、表达方式等均与现代的不同。孩子的文学基础稍显薄弱，阅读起来难免有些困难。为了避免这种情况，父母可以先让孩子读一些通俗易懂、能够激发阅读兴趣的名著，当孩子对阅读产生兴趣之后，就会主动找书读。

想让孩子从经典名著中汲取营养，就应该帮助孩子读懂它们，只有读懂了，才会有收获。

1. 多读几遍，反复品味

多读几遍，品味出书中的思想、感情，并从中汲取精华，孩子才能自然而然地利用名著中的精华去检视自己的想法，摒弃也好，评判也罢，都能让孩子的思想境界得到提升。

2. 读书与看影视剧相结合

让孩子观看由经典名著改编成的影视剧，有助于他熟悉名著。影视剧的某些情节与原著可能有所出入，这对孩子的鉴别和求真能力是一种锻炼。

3. 读书与评书等曲艺形式相结合

对于很多孩子来说，经典名著中的某些生僻词语会成为阅读障碍，如果一一去查字典，又会影响阅读速度及效果。在这种情况下，不妨让孩子通过评书等曲艺形式去了解经典名著，这对孩子会产生一定的吸引力。

经过很长一段时期的检验和洗礼，经典名著依然受到众多读者的欢迎和喜爱，本身就已经证明了它们的价值所在。让孩子阅读名著，对孩子的学习会有很大的益处。

益智游戏：正确地排列顺序

1. 父母从家庭相册中取出几张不同时期的照片，如小学毕业照、大学毕业照、结婚照等。

2. 将照片放在一起，随意打乱顺序。

3. 给孩子3分钟的时间，让他看一看照片，并将照片按照时间顺序进行排列。

4. 和孩子一起检查顺序是否正确，如果不正确，要引导孩子重新排列。

5. 孩子排列正确之后，跟孩子讲一讲每个时期的趣事、特点等，增加孩子对人生不同阶段的认知。

边阅读，边思考，开发创造力

妈妈："苗苗，这篇文章读完了吗？"

苗苗："读完了。"

妈妈："文章的中心思想是什么？你读完文章后悟出了什么道理？"

苗苗："我只是读了一遍文章，没想这么多！"

妈妈："要边阅读边思考，才能让头脑更灵活！"

苗苗："嗯，我知道了。"

阅读不但能增加孩子的词汇量和阅读量，还有助于培养孩子的思考力和创造力。

阅读文章时，孩子要随着场景及情节的变化，去体会主人公的感受和心情，并在这个过程中不断积极思考和发挥自己的想象力。这样一来，孩子就能融入文章描绘的世界，体会阅读的乐趣。

从以下几个方面入手，可以培养孩子的阅读能力，提升他们的阅读兴趣。

1. 让孩子带着问题去阅读

让孩子在阅读的过程中提出与文章内容有关的问题，并在问题的引导下阅读，边阅读边寻找答案，使得阅读更加灵活和生动，提升阅读的乐趣。父母也可以在孩子读完之后提出相关问题，引导孩子思考和回顾文章的内容。

2. 让孩子在阅读中想象

俗话说："一千个人眼中有一千个哈姆雷特。"同一部作品，不同的人读完之后会有不同的体会和感受。孩子边阅读边想象场景或情节，有助于开发孩子的想象力，可以让孩子的想象在更加广阔的空间里自由驰骋。

3. 让孩子在阅读之后总结主题思想

阅读之后的总结，是阅读过程中不可或缺的一部分。孩子将一篇文章或一本书读完之后，并不意味着阅读的终结，只有进行相应的总结，才能巩固阅读效果，得到更多收获。

阅读一本书，不能把读懂文字当作最主要的目标，理解作者的构思和表达的思想往往具有更加广泛和深远的意义。思考和想象的能力，对于学习各门学科都很重要，通过阅读来提升这两种能力，不失为一个好办法。

小测试：孩子的学习兴趣如何？

根据孩子平时的表现或孩子的表述，在符合孩子情况的描述后面画"√"。

序号	情况描述	结果
1	只要是认为需要做的事情，就一定会尽力完成	
2	对新鲜事物有很强烈的探知欲望	
3	认为学习是一件非常有价值的事情	
4	喜欢按照自己的方式去寻找问题的答案	
5	认真学习之后，常常充满满足感	
6	非常喜欢学习	
7	对寻找问题答案的过程十分着迷	
8	只要对学习内容有兴趣，再难也可以坚持	
9	独自一人时可以好好学习	
10	只要下定学习的决心，无论多忙都会抽出时间学习	

测试结果

少于6个"√"，表示学习兴趣有待提高；6~8个"√"，表示学习兴趣一般；多于8个"√"，表示学习兴趣较浓。

读杂志，有助于孩子提高成绩

鹏鹏："爸爸，您看什么呢？"

爸爸："我在看杂志。"

鹏鹏："杂志是什么？我也想看。"

爸爸："你还小，看不懂的。"

鹏鹏："您不是说不懂就学吗？越是不懂我越应该学习啊！"

爸爸："嗯，鹏鹏这么爱学习，那我们一起看吧。"

从学习方面来说，语文算是一门基础学科。从心理方面来说，语文成绩比较好的孩子，通常心理年龄会大一些。这是因为，在学习语文的过程中，不仅需要学习知识，还需要理解和借用他人的观点。只有将自己带入作者创设的情景中，站在作者的角度上去思考和研究，才能理解作者的真实意图。能够站在他人的角度上考虑问题的孩子，通常比较懂事，耐性比较好。

所以说，学好语文是十分重要的。而为了提高语文水平，读杂志是一个很好的途径。读杂志有以下几个好处。

1. 读杂志可以接触更多观点

杂志上的文章纷繁多样，各类作者代表着各种不同的观点，孩子多接触外界的观点，会对全面认识外界事物有所帮助。如果可以树立正确的学习态度，那对学习的益处是相当明显的。

2. 读杂志能够积累素材

在读杂志的过程中，可以看到别人的悲欢离合、喜怒哀乐，以及行为方式和处世态度，这一切不但会让孩子感同身受，而且可以成为孩子学习的素材。

3. 读杂志有助于形成良好的思维模式

每一篇好文章的形成，都需要作者良好的构思。阅读不同的文章，可以与不同的作者进行精神上的交流，顺着作者的思路去思考和学习，对孩子的思维形成大有裨益。

　　有些父母可能担心杂志的内容过于杂乱，有些内容并不适合孩子阅读，一旦让孩子接触，反而会给孩子带来不好的影响，因此，他们选择让孩子远离杂志。

　　父母的初衷是为孩子考虑，这种担心实属正常。但是杂志并非一无是处，父母只要正确对待，读杂志对孩子的帮助还是很大的。

益智游戏：谁身上的油最多

1. 准备五张厨房用纸，一块案板，质量相同的芝麻、葵花籽、核桃仁、花生、开心果或其他干果。

2. 取一张厨房用纸，固定在案板上。

3. 将芝麻放在厨房用纸上，用力挤压，尽量将芝麻挤扁、压碎。

4. 剩余几种干果，参照挤压芝麻的方式一一进行处理。

5. 将五张厨房用纸拿到阳光或灯光下，观察一下纸上油渍的情况。

6. 记录下来，看看哪种干果被"榨出"的油最多。

想办法提升阅读效率

　　妈妈："毛毛，故事读完了吗？"

　　毛毛："没有呢，才读了一半都不到。"

　　妈妈："那作业写完了吗？"

　　毛毛："没有呢。故事读完了就很晚了，我明天早上再写作业。"

　　妈妈："啊？看来我们得一起想办法提高阅读效率了。"

　　孩子能够获得的知识，和他的阅读量有着十分紧密的关系。阅读量越大，知识面就越广，视野就越开阔。

　　但是，现在的孩子学习任务很重，课余时间要做家庭作业、参加各种兴趣班等，这让孩子的时间变得相当紧张。如何在紧张的学习之余，尽量保证孩子的阅读量，这是令很多父母感到头疼的问题。

既然孩子能用在阅读上的时间不多，那么父母只能想办法提升孩子的阅读效率。具体来说，以下几点需要多加注意。

1．选择适当的阅读方法

针对不同的书籍，需要使用不同的阅读方法。有的书只要大致浏览即可，有的书则需要细细品味。要根据书籍的难易程度、阅读次数、重要程度等选择合适的阅读方法。方法对了，效率就能提升。

今日阅读目标

阅读难度：☆☆☆☆
阅读次数：3次
预计时间：5天
阅读方法：妈妈指导，宝贝精读

2. 充分利用零碎时间

孩子并不是只有在拥有大段时间的时候才能阅读，而要充分、合理地利用有限的时间。有零碎时间的时候，可以背背古诗，看看短篇小说等，积少成多，时间长了，阅读总量和阅读效率都会提升上去。

3. 为每本书设定一个阅读期限

在开始阅读一本课外书之前，要设定一个阅读期限。设定期限其实是为孩子树立目标，有了目标的指引，孩子更能充分利用时间。父母要和孩子一起商定期限，并在孩子能够接受的范围内，给孩子限定具体的任务量。

对于很多孩子来说，时间不够用是学习中遇到的一大难题，既然时间长度有限，无法扩展，那就只能想办法提升时间的利用率。阅读效率提上去了，阅读量自然也就跟着增加了。

小测试：孩子的学习能力如何？

根据孩子平时的表现或孩子的表述，在符合孩子情况的描述后面画"√"，最后统计分数。

序号	情况描述	选项（得分）		
		经常（3）	偶尔（1）	从不（0）
1	对接触新鲜事物感觉非常兴奋			
2	擅长模仿别人的动作和表情			
3	能够很轻松地学会骑自行车、轮滑等			
4	喜欢按照大小和颜色将玩具进行分类			
5	喜欢扮演各种角色，也喜欢编一些自己做主角的故事			
6	喜欢独自观察某种东西			
7	第一次见到某人时，会说"你让我想起某某"			
8	走过街巷的时候，能指出自己到过哪些地方			
9	会进行推测，比如"小狗一直叫，应该是饿了"			
10	能够随着音乐跳舞或唱歌			
11	听故事的时候喜欢设想接下来的情节			
12	喜欢乐器，听一下乐器演奏的声音就知道是什么乐器			
13	可以对不同的声音进行评论			

（续表）

序号	情况描述	选项（得分）		
		经常（3）	偶尔（1）	从不（0）
14	经常询问"风雨雷电是如何形成的"之类的问题			
15	善于画地图和描述物品			

测试结果

0~24分，表示学习能力有待提高；25~35分，表示学习能力一般；36~45分，表示学习能力很强。

故事一起读：爱读书的匡衡

中国古代，有一个叫匡衡的人，非常喜爱读书。但是，匡衡家非常清贫，连一根蜡烛都买不起。一到晚上，他就没有办法读书了。

一天，匡衡偶然发现墙缝里透过来一束灯光，于是他悄悄地在自家墙上凿出了一个小洞。这样一来，邻居家的灯光就穿过小洞传了过来。匡衡十分高兴，立刻拿起书在墙边读了起来。

匡衡读的书越来越多，家里的书都被他读完了，可是他没有钱去买新书。

有一天，他发现一个财主家里有很多书，便请求去财主家里帮忙干活，而且不要工钱。

财主觉得很奇怪，便问他："你为什么愿意白白干活？"

匡衡十分诚恳地说："我在您家帮忙干活，不要工钱，只想借您家的书看，不知道行不行？"

财主听了非常高兴，答应把家里的书借给匡衡看。

就这样，匡衡看了很多很多书，最终成为一个很有才学的人。

培养专注力，让孩子爱上学习

有这样一个小故事：

一位农场主在巡视谷仓时不慎将一只贵重的金表弄丢了，找了很久都找不到。于是他贴出告示，谁能找到他的金表，就能获得100美元的奖励。

附近的人得知这一消息之后，都赶来四处翻找。可是谷仓实在太大，里面的粮食和物品又很多，想要找到一块金表着实不易。随着时间的不断流逝，越来越多的人感觉自己找不到金表了，所以他们的注意力已经不在如何寻找上，转而开始抱怨谷仓太大、物品太多。慢慢地，几乎所有的人都在怨声载道中放弃了努力。

只有一个小男孩是例外，即便在太阳下山、别人都走光之后，他依然在寻找。小男孩没有在意谷仓有多杂乱，也没有在意身边人的抱怨，他只是将注意力放在了寻找金表上。终于，在谷仓变得寂静异常的时候，小男孩听到了金表发出的"嘀嗒"声。他循着声音找到了金表，也从农场主那里得到了100美金。

看完这个故事，相信很多人会深有感触。那些带着怨气离开的人，并不是没有努力过，他们只是缺少了小男孩的那种专注力。当事情变得困难时，他们的注意力被分散，以至于越来越多地受到外界的影响，进而降低了对金表的关注度，结果错失了有可能得到的100美金奖励。

将这个故事讲给孩子听，并告诉孩子：故事中小男孩的专注精神，是值得学习的。培养孩子的专注力，会让孩子将注意力集中在学习上。具体来说，父母可以借用以下方法进行引导。

1. 让孩子设定一个积极的目标

当孩子给自己设定一个要主动提升专注度的积极目标时，他就会在极短的时间内集中自己的注意力。而且在进入状态之后，就会高度集中，不易受外界影响。

比如，孩子在背诗词之前，如果告诉自己在10分钟之内要集中全部精力，争取一口气背下来，那么他即便背不下来，背诵的效果也会比漫不经心地背上半个小时的效果好。

2. 让孩子相信专注力是可以培养出来的

部分父母认为，孩子的专注力是天生的，甚至将这种观点传输给孩子。实际上，这种想法是极端错误的。专注力就像其他的能力一样，是可以通过后天培养出来的。

对于大部分孩子来说，只要相信自己可以变得更加专注，他们就会对专注力的培养更加积极，掌握一定的方法之后，就能做到高度的注意力集中。

3. 让孩子学会排除各种干扰

在学习的过程中，孩子难免会受到各种干扰，这些干扰有的来自外界环境，有的来自自己的内心。无论是哪种类型的干扰，只要保持足够的专注力，都能将它们克服。

想要培养专注力，孩子就有必要学会排除干扰。外界环境有所干扰时，在有可能的情况下可以尝试换个环境；内心有所干扰时，则要善于排除不良情绪。

4. 教孩子处理好学习与休息的关系

很多人都懂得劳逸结合的道理，但是真正能做好的并不多。有些父母甚至认为学习就该不断重复、重复、再重复，有了量的积累，才有质的变化。殊不知，这种做法让孩子疲劳不堪，他又怎么集中注意力，乃至于爱上学习呢？

让孩子在一定的时间内——比如一个小时——保持专注力，全心投入学习之中，然后给出一定的游戏、玩耍时间，之后再专注于学习，再休息，再学习。如此循环进行，孩子的专注度会更高，学习效果会更好。

学习时越专注，学习效果就越好。这一点毋庸置疑。所以说，对于孩子专注力的培养，父母不仅应该放在心上，更应该多下功夫做到实处。

孩子偏科？家长的态度很关键

网上曾经有过这样一项调查："作为家长，您对孩子偏科持什么态度？"选项有3个，分别是："完全不能接受，孩子必须全面发展""一定程度上可以接受，甚至一定条件下鼓励偏科"及"凭孩子自由发展，喜爱的学科鼓励，不喜爱的学科能及格就好"。调查结果显示，3个选项的选择比例分别是20.93%、58.14%及20.93%。

这个调查结果虽然不能代表所有家长对待偏科的态度，但是从中也能看出家长对于偏科的态度是各不相同的。而家长的这种态度，会对孩子的学习形成相应的影响。往严重了说，某些家长不正确的教育理念，做了孩子偏科的"帮凶"。

当孩子出现偏科的情况时，家长应当加以足够的重视，并采取一定的措施进行纠正，使孩子能够全面发展。要知道，当孩子出现偏科的情况时，他们的心理压力会无形中增大，进而影响智力发展。如果不及时进行调整，很可能对孩子的一生都产生影响。

发现孩子偏科的时候，家长完全没有必要去苛责孩子，而应该将注意力放在帮助孩子分析偏科的原因上，找到了根源所在，才能做到标本兼治。只有孩子发自内心地想要去学，他才能真正地学好一门学科，弥补偏科造成的短板。所以说，家长的态度和引导方式是非常关键的。

1. 理智看待偏科

现在的校园中，偏科现象普遍存在，即便成绩十分优异的孩子，也会有某个科目稍弱的情况。所以，家长发现孩子偏科的时候，千万不要着急，更不能每天在孩子面前唠叨，或是将大部分精力投到较弱的科目上。这样做，更容易让孩子产生反感，甚至烦透了某些科目。

正确的做法是，家长应该和孩子进行耐心的交流，并以积极的心态和行为表现出对孩子的理解、尊重、支持和信任，而不是带着失望的情绪，对孩子进行没完没了的说教。只有鼓励孩子将自己的感觉、想法等全部说出来，家长才能找到孩子偏科的真正原因，进而循序渐进地改变这种情况，让孩子以积极乐观的心态投入学习之中。

2. 及时引导和纠正

相关的调查表明：在小学阶段，大约21%的学生会有偏科现象；在高中阶段，则有80%左右的学生会出现偏科现象。

在高中阶段，学生要进行文理分科，所以偏科现象可以理解。但是，如果在小学和初中阶段，孩子就已经有了偏科的苗头，家长就应该提起足够的重视。毕竟，小学和初中阶段的学习都是为之后更深层次的学习奠定基础。如果基础不牢，那今后的学习就是无源之水，很难取得较好的成绩。

所以说，家长一旦发现孩子过早地出现偏科情况，就要立即进行引导，尽快纠正这种不良现象，使孩子全面发展。

3. 营造良好的学习环境

在成长的过程中，孩子需要家长的鼓励、支持和肯定。如果家长能够心平气和地与孩子进行交流，为孩子创造一个和谐融洽的家庭环境，对于孩子的学习具有很大的促进作用。

一个良好的学习环境，能够调动和激发孩子的积极情绪，使得孩子对学习产生更多的兴趣和动力。这样一来，孩子愿意主动学习，也就能尽量减少偏科的现象。

综上所述，家长在面对孩子的偏科问题时，千万不要打击孩子，也不要对孩子流露出失望的情绪，而要经常赞美孩子，对孩子进行积极、正向的引导。当孩子取得进步时，应该及时给予肯定，逐渐培养孩子的积极心态。当孩子不断体验到成就感时，就能享受到学习的快乐，由此便能自然而然地提高成绩，改善偏科状况。

孩子的学习成绩不好，是很多父母深感头疼的事情。每当看到学习成绩好的孩子，很多父母便会由衷地感叹："人家的孩子怎么那么聪明啊！"

这种现象并不鲜见，可是实际情况真像某些父母想的那样糟糕吗？不见得。通常而言，孩子之间的智商差距并不大，只是由于孩子在时间安排、思维方式、协作学习等方面的理解和表现不同，这些细小的差距累积起来，体现在学习成绩上，就出现了巨大的差距。

父母应该认识到，自己的孩子不是不够聪明，而是没有按照聪明孩子的学习方式去学习而已。

通过阅读本书，希望父母能和孩子一起找到适合孩子的学习方法，让孩子在学习的天地里尽情翱翔！